大家小书

清史简述

郑天挺 著

北京出版集团公司
北京出版社

图书在版编目（CIP）数据

清史简述 / 郑天挺著 . — 北京 ：北京出版社，
2016. 7
（大家小书）
ISBN 978-7-200-12079-0

Ⅰ. ①清… Ⅱ. ①郑… Ⅲ. ①中国历史—研究—清代
Ⅳ. ①K249. 07

中国版本图书馆CIP数据核字（2016）第076992号

总策划：安　东　高立志　　责任编辑：乔天一

· 大家小书 ·

清史简述

QING SHI JIANSHU

郑天挺　著

*

北京出版集团公司
北京出版社　出版

（北京北三环中路6号　邮政编码：100120）

网　址：www.bph.com.cn

北京出版集团公司总发行

新华书店经销

北京华联印刷有限公司印刷

*

880毫米×1230毫米　32开本　5.25印张　85千字

2016年7月第1版　2018年5月第3次印刷

ISBN 978-7-200-12079-0

定价：34.00元

质量监督电话：010-58572393

序　言

袁行霈

“大家小书”，是一个很俏皮的名称。此所谓“大家”，包括两方面的含义：一、书的作者是大家；二、书是写给大家看的，是大家的读物。所谓“小书”者，只是就其篇幅而言，篇幅显得小一些罢了。若论学术性则不但不轻，有些倒是相当重。其实，篇幅大小也是相对的，一部书十万字，在今天的印刷条件下，似乎算小书，若在老子、孔子的时代，又何尝就小呢?

编辑这套丛书，有一个用意就是节省读者的时间，让读者在较短的时间内获得较多的知识。在信息爆炸的时代，人们要学的东西太多了。补习，遂成为经常的需要。如果不善于补习，东抓一把，西抓一把，今天补这，明天补那，效果未必很好。如果把读书当成吃补药，还会失去读书时应有的那份从容和快乐。这套丛书每本的篇幅都小，读者即使细细地阅读慢慢地体味，也花不了多少时间，可以充分享受读书的乐趣。如果把它们当成补药来吃也行，剂量小，吃起来方便，消化起来也容易。

我们还有一个用意，就是想做一点文化积累的工作。把那些经过时间考验的、读者认同的著作，搜集到一起印刷出版，使之不至于泯没。有些书曾经畅销一时，但现在已经不容易得到；有些书当时或许没有引起很多人注意，但时间证明它们价值不菲。这两类书都需要挖掘出来，让它们重现光芒。科技类的图书偏重实用，一过时就不会有太多读者了，除了研究科技史的人还要用到之外。人文科学则不然，有许多书是常读常新的。然而，这套丛书也不都是旧书的重版，我们也想请一些著名的学者新写一些学术性和普及性兼备的小书，以满足读者日益增长的需求。

“大家小书”的开本不大，读者可以揣进衣兜里，随时随地掏出来读上几页。在路边等人的时候，在排队买戏票的时候，在车上、在公园里，都可以读。这样的读者多了，会为社会增添一些文化的色彩和学习的气氛，岂不是一件好事吗?

“大家小书”出版在即，出版社同志命我撰序说明原委。既然这套丛书标示书之小，序言当然也应以短小为宜。该说的都说了，就此搁笔吧。

导　言

郑克晟

《清史简述》是郑天挺先生1962年在中央党校讲课时的记录稿，1980年由中华书局出版。今再版之际，先略述郑先生生平学术及此书梗概于前。

郑天挺（1899—1981），字毅生，别号及时学人。福建长乐人，生于北京。其父郑叔忱，光绪十六年（1890）进士，长期在翰林院供职，曾任奉天学政、京师大学堂（北京大学前身）总教习（教务长）。母陆嘉坤，出身官宦之家、书香门第，亦通文史，擅长诗词，曾任天津北洋女子学堂总教习。1905年、1906年，其父母先后辞世，郑天挺时年7岁，遂由表舅梁济（梁漱溟之父）监护，寄居亲戚张耀曾（曾任北洋政府司法部长）家，孤儿的命运使郑天挺自幼就养成了独立的意识和坚强的性格。

郑天挺自幼向学，广泛阅读各种文献。他生于清末，并在北京度过童年及少年时代，耳闻目睹许多清代掌故，引起他极大的兴趣，这为他以后开展清史研究打下了得天独厚的基础。1917年，郑天挺考入北京大学国文系，师从黄侃、刘师培、钱玄同等大师，1920年毕业，从此就与北京大学结下了不解之缘。1922年进入北京大学国学门，师从钱玄同，进行“中国文字音义起源”的研究。当时清朝内阁大库一批档案由北洋政府教育部拨给北京大学，北大组织“清代内阁大库档案整理会”，郑天挺加入该会，参与明清档案的整理，这可以说是郑天挺正式步入清史研究的阶段。一开始就接触清代档案，为郑天挺以后的清史研究提供了极为有利的条件，奠定了他以后从事明清史研究的基础。

1924年，郑天挺任北大讲师。随后一度赴杭州浙江大学任教。1930年再回到北大，1933年晋升教授，并出任北大负责行政和总务的秘书长，直到1950年。其间多年担任北京大学历史系主任。1940年到1945年，担任西南联大总务长。当时，北京大学恢复文科研究所，傅斯年任所长，郑天挺任副所长，学生为此戏编对联一副曰：“郑所长是副所长，傅所长是正所长，郑、傅所长掌研所；甄宝玉是假宝玉，贾宝玉是真宝玉，甄、贾宝玉共红楼。”成为学林佳话。1952年院系调整，郑天挺调到南开大学历史系，任系主任，1963年任南开大学副校长。1961年与翦伯赞一起主持全国文科教材的编纂，任历史组副组长，主编教材多种。晚年任中国史学会主席及《中国历史大辞典》主编。著有《清史探微》《探微集》《列国在华领事裁判权志要》《及时学人谈丛》等著作多种。

郑天挺一生，尽管行政事务缠身，但始终坚持学术研究，对清史研究一直保持着浓厚的兴趣。抗战前，研究清史的老前辈及开拓者孟森（字心史）任教于北大，郑天挺对孟森十分敬重，受他的影响也极深。他们都重视史料，精于考证，有“乾嘉遗风”。在同一领域，他们互相切磋，友谊密切。1937年“七七事变”不久，孟森病逝。而北大、清华与南开则迁往昆明，组成西南联大，其间，郑先生开始讲授明清史，并对清代的宗教、礼俗、婚姻、清皇族血系以及清代典章制度，进行了系统深入的研究，用心极勤，随后出版了大著《清史探微》。抗战胜利以后，郑先生在北京大学及南开大学历史系，先后开设了“明清史”“清史研究”“明史专题”“清史专题”“中国近三百年史”“明清史料学”等十几门有关明清史的课程，成为海内外公认的清史泰斗和史学大家。

郑天挺治学，既继承了中国古代文化的优良传统，尤其是清代朴学的传统，重事实，重史料。“五四”以后，又吸取了科学与民主的新思潮，视野开阔而不泥古。1949年以后，又认真学习马克思主义，力求用历史唯物主义的观点和方法研究历史。同时，在个人修养上，他是一个执着的爱国主义者，始终把自己的研究和国家民族的命运联系在一起。抗战期间，针对日本帝国主义歪曲满族历史，鼓吹“满洲独立论”的谬论，郑先生以充分的史料、严密的论证写出了《清代皇室之氏族与血统》，以大量的史实，雄辩地证明清代皇室民族中含有满、蒙、汉各族的血统，原来生活在东北的满族是中华民族不可分割的一部分。20世纪50年代末，中印边境出现争端，郑先生又查阅相关资料，提供给有关方面参考。所以郑先生的学术研究中充满了爱国主义情怀。

郑先生是学者、历史学家，又是重要的教育家，是当之无愧的北大功臣，又是南开史学的旗帜。郑先生在北大为秘书长十八年，1948年，在北大五十周年校庆之际，学生自治会以全体北大学生的名义给他送去“北大舵手”的锦旗，表彰他几十年为北大操劳的业绩。而南开大学历史学能有今天的地位，成为中国明清史的研究重镇，郑先生功不可没。当今中国史学界中，不少大家出自郑先生门下。郑先生在几十年教学生涯中，为我国学术界、社会各界培养了许多人才。在20世纪中国的教育史上，郑天挺先生也是座永远的丰碑。

《清史简述》虽然是讲课记录稿，但自成体系。全书提纲挈领地介绍了清朝入关以后到鸦片战争前政治、经济、文化等方面的重要史实，既给读者提供了有关清史的基本知识，又提出了一些问题，在四十年后的今天依然值得我们进一步思考。全书高屋建瓴，总揽清朝特点，抓住了清史的关键问题，尽管简单，还是颇多创见。加之，用“中西比证”的方法，揭示了中西历史的异同，很有启发性。当然，因文稿成于20世纪60年代，初版于拨乱反正之初，不免留下时代的烙印，读者自会理解的。此次重版，除极个别的字词稍加改动外，基本一仍其旧，保持原貌。相信读者既能从中获得清史的有关知识，也能感受到郑天挺先生的治学精神。

目　录

清代的历史，是中国封建社会最后一个专制主义王朝的历史。1911年爆发了辛亥革命，推翻了清王朝的统治，三千多年的中国君主专制政体从此就结束了。但是我们在这里所讲的，是从1644年清兵入关到1840年鸦片战争以前的清朝历史。我们所说的“朝”，是用来代表时代的。现在准备分四个部分来讲。

概说

一、关于清史的年代问题

清朝是我国东北的一个少数民族——满族的统治者入关统治全中国的时期。满族是祖国多民族大家庭中的一个组成部分，长期以来在我国东北聚居和发展。公元1616年它建立了一个政权，在山海关外的东北辽东一带活动达二十九年之久，1644年才入关统治全国。1644年以前，满族政权只是在辽东局部地区实行统治。从断代史的角度来看，可以从它的先世谈起，包括了1644年以前的历史；但是在通史课程里，1616年到1644年这一阶段的历史则属于明代，不在我们今天讲的范围之内。

清朝的统治一直继续到1840年以后，直到1911年才被推翻。但是从1840年中英第一次鸦片战争以后，中国一步一步变成了半殖民地半封建社会，社会性质发生了变化，所以在通史里清朝的历史结束于1840年。1840年以后的七十多年的历史则放在近代史部分去讲，我们讲清代历史的就不谈了。1644年以前的不讲，1840年以后的不讲，只剩下1644年到1840年这一百九十七年的时间。这就是中国通史上关于清朝历史这一阶段的年代。（这里所说的年，都指自然年，不是周年。往往两阶段前后衔接在同一年，所以有重复的，计算周年时要剔除重复的年。）

二、鸦片战争前清代历史的特点

在这一百九十七年里，出现了一些什么新东西？与过去有什么不同？有些什么突出的新矛盾？有些什么特点呢？

我们认为有以下六个主要特点：

1. 这一阶段是中国封建社会的晚期，而不是中国封建社会末期。在清朝以前，中国已经经历了长远的、悠久的封建社会。在这漫长时间里，有几个根本特点，如封建地主土地所有制、自给自足的自然经济占主要地位、专制主义的中央集权封建国家、超经济强制等等，在整个封建社会中是贯彻始终的。清朝也不例外。但是由于生产力的逐步发展和阶级斗争的强大推动力量，使社会不断地向前发展，因此每个朝代相对地又存在着差别。1644年以后的清朝和明朝比较起来，就相对地存在着差别，出现了一些新东西。例如，明代的人口统计数字，据《明史》记载，一直在五千万至六千万之间，一般说在六千万上下。明神宗万历六年（公元1578年）共六千零六十九万二千八百五十六人。但是清朝就不一样，清高宗乾隆二十九年（公元1764年）中国人口突然增到二亿零五百五十九万一千零一十七人。不到两百年的时间，人口几乎增加了两倍半。到了清宣宗道光二十一年（公元1841年），人口达到了四亿一千三百四十五万七千三百一十一人。过去我们说中国有四亿人口就是指这个时期的数字。当然，明清两代的人口数字都不一定是当时全国人口的实数，但是这些数字总说明人口增长很快，反映了清代社会经济比明代有了突出的发展。

在人身依附关系方面，清代也和前代有所不同。中国农民的徭役负担很重。在明代，政府限制农民不得随便离开土地，人民没有出入往来、居住、迁徙的自由；人民离开家乡，要得到官厅的许可，发给路票，称为“路引”，没有“路引”就不能随便移动。因为徭役是不能落空的，离开了家乡，还得按期回乡去承担徭役，所以要领路引，以便知道到什么地方去。但是清朝则不同，1723年摊丁入亩以后，人民有了往来的自由，政府也不过问，并不要你按期回去负担什么徭役。可见封建社会的根本问题虽然没有变化，但是各时期存在着相对的差别，而且这种差别的幅度还很大。

清代在封建社会发展中处在一种什么样的阶段也值得我们注意。它和前代有些什么不同呢？在明朝中叶以后，中国封建社会已经孕育着资本主义萌芽，但是由于种种原因，这种萌芽并没有导致中国封建社会解体，也就是说，还没有进入到资本主义社会；所以，在中国社会史的分期上没有封建社会末期。所谓封建社会末期是指封建社会瓦解、资本主义产生的时期。我们说清代这一阶段不是封建社会末期，但是并不等于说没有进入到封建社会晚期。

明代中叶以来出现的资本主义萌芽没有导致封建社会解体的原因很多，我们不必举出更多的例子，例如，封建制度本身对资本主义萌芽发展的限制，地主阶级的残酷剥削，农民个体经济不能很快突破旧的生产关系造成新的生产力，农业与家庭手工业相结合的自然经济，工商业没有摆脱封建的桎梏，封建专制主义中央集权的控制等等，都阻挠着资本主义萌芽的发展。尽管这些原因阻碍了资本主义萌芽的正常发展，但是却不能说没有新情况的出现。尽管中国社会没有进入封建社会末期，也不能说没有发展到封建社会的晚期。

“末期”和“晚期”是有所不同的。“末期”是指旧的生产关系完全崩溃瓦解，并向新的制度过渡的阶段；“晚期”是指这个制度已经开始走向崩溃，但是还没有完全崩溃，在个别方面还有发展的余地。

中国封建社会没有发展到末期，但是有晚期。清代就正是处在封建社会的晚期。更确切些说，中国封建社会的晚期也并不是从1644年才开始，明代也应该算是封建社会晚期。

2. 清代是孕育着资本主义萌芽的封建经济继续发展的时期。这时封建经济已经走下坡路，但是还没有崩溃，资本主义萌芽正在孕育着，而封建经济还继续在发展。封建社会晚期和全盛时期有所不同，这时已经产生了资本主义萌芽，但是封建经济也还继续在发展，比过去有发展、有进步，只是比较缓慢和不正规。在封建所有制加强与发展的同时，有了新的东西出现，有了资本主义萌芽的出现和发展。当两种东西发生矛盾的时候，不是封建经济让路，就是资本主义萌芽受到约束。如果封建经济让路，那么中国社会就进到了封建社会的末期；如果它并不让路，反而使资本主义萌芽受到限制，那么这就是孕育着资本主义萌芽的封建经济继续发展的封建社会晚期。

在康熙乾隆时期，工商业非常繁荣，出现了许多新事物。以苏州的工匠工资为例：踹坊工价原来是计件的，踹匠踹布一匹工价银一分一厘三毫，这时出现了“米加”，凡米价每石在银一两五钱时，每踹布一千匹加贴银二钱四分（每匹平均加二毫四丝）；又如染纸作坊工价除饭食外原是计日的，每日刷红纸五刀为一工，每工银二分四厘（平均一刀四厘八毫），这时出现了“工贴”，多刷五刀另加伙食工银五分（平均一刀一分，相当于基本工价一倍），还可以累计；又如纸坊工价原是计件的（所谓“计刷数为工，并不计日”），纸匠每日以刷纸六百张为一工，每月工价银一两二钱（每日六百张合四分），这时出现了“茶点银”，凡是在正工六百张以外再刷六百张的，除规定计件四分外加给茶点银半分，共四分五厘。这种“米加”“伙食工贴”“茶点银”等等无非是工资的改称，这一方面是工匠们反剥削斗争的结果，一方面是坊主们狡猾地想借此刺激生产。坊主们意图刺激生产增加利润，但又不甘心提高工资以致减低剩余剥削，于是想出种种名目，希冀蒙蔽一时另寻复辟机会（例如米价降低取消“米加”）；同时，坊主们既害怕工匠们的“喊歇停工”“齐行增价”，而不敢不改变工价，但又怕一增再增，触动自己阶级利益，于是坊主们联合买通封建官府，订出条例，刻石立碑，把工价定死，也就是冻结起来，使它在物价增长时也不能再增加。这就反映了封建生产方式内部资本主义萌芽和封建主义之间的尖锐斗争。新的东西出现了，坊主不能不承认它，但是发展下去又会使坊主的利益受到很大影响，因此，坊主与封建统治者勾结起来对它加以限制。从表面上看来，似乎也还公平合理，坊主不许克扣、短少工人工资；实际上是工人从此再也不许要求增加工资，即使是物价上涨，也不得要求增加，更不许叫歇（罢工，又称喊歇），如果叫歇，责打三十板甚至递解回籍，使工人的生产积极性受到了挫折，使新的生产方式的苗头在封建主义的压制下不可能得到发展。一般说，手工业方面的资本主义萌芽在发展过程中都有这种情况：不是封建经济让路，而是资本主义萌芽受到挫折。如果封建主义让了路，那么就会突破旧的生产关系进入新的生产关系。

在农业技术方面，清代农作物的品种有了增加，农业劳动的工具和技术也有了改进，农业生产有了很大的发展，但是还是没有突破旧的生产关系，仍然是个体经济。土地兼并很严重，大地主的土地多达几千亩、几万亩甚至几十万亩，但是都分别租给许多小佃户，佃户种不完的土地，又再转租给别人耕种。尽管农业技术有了进步，却始终维持着个体经济，个体生产的形式并未改变。如果能够变成大规模的农业生产，那么资本主义萌芽就可以得到更大的发展。但是事实上并不是这样。庄头只管招佃，并不直接组织生产。地主剥削来的地租，并不是用于交换和扩大再生产，而是用于个人的生活享受，骄奢淫逸。所以，农业也不能突破旧的生产关系继续向前发展。

这些情况和西方很不相同。在西方，有所谓庄园制。庄园制的特点是和城市对立的，可以在同一庄园里面，有各种不同的生产关系，或者农奴制，或者是租佃制，或者是资本主义制，而且不同的生产关系可以同时存在。在庄园里可以有农业，有林业，有畜牧，有手工业以及各行各业，所有生产可以供自己使用，可以为市场生产并适应市场行情，收益很大。庄园主把这些收益用于扩大再生产。所以庄园制是一种富有弹性的经济形式。中国则不同，中国只有庄田，而没有走向和西方相同的庄园制。大地主可以有几所别墅，在他的土地上种一些水果、米粮等，收益只供自己享用而不用来从事经营。最显著的例子是乾隆时期的大贪官和珅，他的财产据估计共折银八万万两。在他抄家的清单中有玉器库、绸缎库、洋货库、皮张库、磁器库、锡器库等等。土地只占财产的百分之一（八千顷，估价八百万两），商店只占百分之九（七千多万两），而且都是当铺、银号和古玩铺（高利贷资本）。大批物资和金银只供自己享用，不拿到市场上去做生意，也不拿去开工厂。这就是清代社会经济的一个显著特点。农业生产发展了，但是没有大规模经营；地主土地虽然很多，但是分散租佃给小农；地租用于个人享受，而不是拿去进行交换和扩大再生产。

手工业技术也不断地提高，分工不断地加细，工具不断地增加。如景德镇出产的瓷器，分工极细，工具比过去提高很多。清代的瓷器很有名。特别是雍正、乾隆时期的瓷器，在色泽、厚薄、釉彩、形式各方面都与前代有所不同。尽管如此，但是始终停留在手工操作水平。虽然早经使用脚蹬的旋盘做圆形器皿，但这只是器械，还没有使用机械，没有发展到机器生产。西方的产业革命主要解决的是动力问题。从1765年瓦特发明蒸汽机成功，用蒸汽作为动力，于是有了产业革命，欧洲的生产大为发展。清代工业技术尽管有了提高，分工有了加细，但是没有发展到这一地步。这是社会经济发展水平的关系，和人民智慧无关。帝国主义污蔑我们，说中国人笨，这完全是胡说。西方采用水力推磨，作为动力，是在1769年；但是中国人早在汉朝已经知道使用水力，至少在唐朝已经十分盛行，唐玄宗时几乎到处都是，比西方发明使用水力要早一千多年。只是我们没有走到机器生产，直到清代还没有脱离手工业的技术水平，手工业也还没有完全和农业分离。

清代手工业中的瓷器，可以说巧夺天工，瓷窑里聚集了许多能工巧匠。但这只是官手工业，是官窑，产品只供皇帝使用。供民用的民窑，受到封建统治的压迫摧残和禁造，因之质量和技术都没有这么高。这是受时代的限制，普及和提高没有结合起来。清代手工业生产非常普遍，也没有完全和农业分离。在1900年前后，中国沿海手工业受到了外国侵略者的破坏，内地还维持着旧的情况。据说当时的贵州农村几乎家家纺纱织布。河北中部正定附近的灵寿县北寨村有一百九十户人家，家家有织布机，可见非常普遍。但都只是利用农闲而不是在农忙时间生产。这说明了手工业和农业仍然紧密地结合在一起，而官手工业和广大人民的手工业则是相互脱离的。这是清代手工业的特点。所以清代的手工业虽与过去不同，但是也没有向前更进一步，走向资本主义的生产。

清代家庭织布图

商业也是如此。商业广泛发展了，国内各处有徽州商人和山西商人；在海外，有福建、广东各个港口的人。他们的特点是：做生意赚来的钱不是全部拿来扩大生意，而是拿一部分回家去买土地，没有和农业生产割断联系。尽管商业发达，还是以农业为根本。明清时代的小说笔记中保留了许多这样的记载。

新的东西有发展，旧的东西也在发展。孕育着的资本主义萌芽经济继续在发展，封建经济也继续在发展，但是新的东西始终没有突破旧的生产关系。这就是清代历史的第二个特点——孕育着资本主义萌芽的封建经济继续在发展。

3. 满族封建社会的上升时期。这是清代历史的另一特点。满族从1616年建立起来的政权就是封建制政权。满族在这时已经进入封建社会。一个新兴起来的，进入一个较高阶段的封建制的国家，它的生产方式、生活方式、工作作风、意识形态各方面都在上升，这是非常明显的；特别在进入封建制几十年以后最为显著，最富于向上的青春活力，比起过去古老的封建国家的颓废腐朽大不相同。所以，在历史悠久的多民族国家当中，如果有一个新兴的民族刚刚进入封建制，它一定是这个国家里面最富于活力、最活跃的一部分，他们一定会给这个国家增加新的动力，使腐朽的社会振作起来，同时也使封建制度更加发展、更加巩固。中国历史上有许多这样的情况。例如元朝，过去许多人都说元代落后、倒退，但是今天看来，在元代忽必烈时期，中国社会还是向前有所发展的。元灭宋以前，宋政府已经腐朽不堪了，但是元灭宋后的全国政权，使中国社会又得到新生与发展。清代也是这样。康熙时国家富强，人民生活有了一定提高，这是谁也不能否认的。为什么明朝末年腐朽到那样程度，到了清初又这么强大？当然，明末农民大起义对社会发展起了推动作用，这是一个真正主要原因。但是如果没有一股向上的新生的活力追随着它一同推动前进，则力量不可能那么强大，时间不可能那样持久。这时，一个新进入封建制度、处在封建社会上升阶段的民族，正好具备这种条件，正好发挥这种作用。元朝的忽必烈时期，清朝的康熙时期，它们在历史上的作用就在于此。康熙时期距离1616年政权的建立不过五十年，正在封建制度上升阶段，所以它增加了中国社会在农民战争的推动之后大力地、持续地向前发展的活力。

新兴的、活跃的、刚进入封建制度的民族建立全国政权以后，原来腐朽的封建社会得到暂时的稳定，这暂时的稳定相对地延缓了资本主义的到来，使已经衰朽的封建制度得到苟延残喘的机会。那么，这算不算反动呢？应该肯定它，还是应该否定它呢？我认为这不能算反动。虽然它延缓了资本主义的到来，但是提高了封建生产力，改善了封建社会的人民的生活。它对资本主义萌芽没有正面去反对和破坏，而且相反地由于它促使社会生产发展起来，正可以突破旧的生产关系，产生新的生产关系。它对社会发展还是起了间接推动作用的，所以不能算是反动。

4. 清代是多民族统一国家的巩固和发展时期。清代统一的多民族国家的巩固和发展主要有三个方面。第一，是中国固有疆域的奠定；第二，是各民族经济文化联系的加强；第三，是中央和地方关系的密切和巩固，特别是边疆和中央政府的关系以及对中央的向心力比前代有了进一步的加强。

我们伟大的中华人民共和国这一统一的多民族国家是在什么时期巩固、加强和发展起来的呢？今天我们所继承的多民族的统一国家的疆土基本上是清朝时期奠定的。这并不是说，清代以前的中国不是多民族的统一国家，而是说统一的多民族国家是由清朝更加巩固下来的。如辽东以东广大地区，明朝时期虽然设置了奴儿干都指挥司，但对它所属的基层组织没有直接派遣官吏去治理，而是指定各民族自己的首领去管理；从清朝开始，才由中央直接派官吏去治理。我们国家疆域的明确和巩固，也是清代的功绩。清代奠定和巩固了多民族统一国家的疆土，主要是在康熙到乾隆这一时期；可以说从康熙时期开始确

康熙帝

定，到乾隆时期加以巩固。这并不是把国家领土的确定归功于康熙和乾隆两个人，而是说我们国家疆域是在那个时期确定的，他们两人只是在客观上起了推动作用。这样大的国家的建立和巩固当然是各族人民共同的功劳，是各族人民不断努力的结果。

由于疆域确定了，道路修通了，经济、文化的联系自然加强了。当然，过去历代对边疆也有经济、文化的联系，但是没有清代这样密切。

更重要的是中央与地方关系的加强。这也是从清代开始的。清朝统一全国以后，就注意到中央和地方的关系。当时对各民族实行的政策，简单地说，就是加强向心力的措施，使他们倾向中央，并使他们安心。清代以前，虽然把边疆民族笼络过来了，但是没有使他们安心。在明朝时，满族就没有安心。所以从康熙到乾隆，始终注意民族政策问题，通过各种措施，加强地方对中央的向心力，不仅使各民族常到中央来，而且使他们安心于中央的政治、政策。康熙首先这样做了，雍正、乾隆也是如此，而且不遗余力地做这个工作。这里有一个显著的例子：清代在热河地方（今河北承德）盖了许多庙宇，有满、蒙、藏、维……各族的建筑，仿佛是民族文化宫，花了不少钱，使各族人民高兴。这也是加强向心力措施的一个方面。由于采取了种种措施，加强了各民族对清政府的向心力，才使各民族对中央朝廷的关系更密切，统一的多民族国家得到了巩固与发展。当然，毋庸讳言，在实施过程中必然不免使用强力。所以清朝施行的民族政策还只是封建性的东西，有局限性，它只是人为地甚或强制地做到了对其他民族的表面笼络，强使安心，谈不到在平等的基础上的民族大团结和各民族之间的互助友爱。

5. 清代是抗拒殖民主义侵略，进行斗争的时期。从1644年起，清朝政府就开始和西方殖民主义国家进行斗争，斗争是很尖锐的。直到1840年，最后斗不赢了，顶不住了，中国才从独立的国家变成了半殖民地，清朝不久也就垮台了。15世纪末到19世纪末是西方殖民主义者四出疯狂掠夺的时期。19世纪末，资本主义进入帝国主义阶段，各个殖民国家在中国划分了势力范围，情况就和过去有所不同了。在殖民主义国家疯狂侵略下，东方的大小国家都变为殖民地。他们对中国这块肥肉一直垂涎三尺，但是中国对付他们的办法就是来了就打（1523年击退葡萄牙于广东新会西草湾，1549年又击退于福建诏安走马溪，1624年击退荷兰于澎湖），因此他们就不敢进来，不敢像对待东南亚、印度那样来对待中国。

清军入关以前，殖民主义国家就开始来到了东方。16世纪下半期尼德兰（荷兰）发生了资产阶级革命，17世纪英国发生了资产阶级革命；强大的、新起的殖民主义者比过去的殖民国家（葡萄牙、西班牙）手法更为狠毒，他们千方百计要侵入中国。清军入关不久就遇到这个问题（英国资产阶级革命开始于1642年，清军入关是1644年）。在对待西方殖民主义国家问题上，从清初到鸦片战争，清朝始终保持警惕，从事防范和加以限制：1681年进攻郑克塽不用荷兰兵和兵船；1698年不许英国自由来华贸易；帝俄商队有一定路线，海上来船有一定口岸；1706年只许不再回国的西洋人留住中国；1720年逮捕潜匿往来的西洋人，等等，都是显著事例。如果不加警惕防范，那么他们的侵入一定早于1840年，所以，1840年以前的抗拒努力也不要忽视。

清代在一百九十七年中和西方殖民主义国家进行的斗争是非常尖锐的。斗争包括了各个方面，如文化、科学技术、商业贸易等各方面都有斗争。有些方面看起来不很显著，实际上斗争是存在的。西方国家总是千方百计地企图打进中国，中国人民和清朝统治者也是想尽办法不让他们来，进来了就不好办了。所以这一斗争也是十分曲折和非常激烈的。

6. 清朝是中国历史上最大一次农民战争以后的一个朝代。明末农民大起义是中国历史上最大的一次农民起义，前后有十八年之久，经历了十三省。历来的农民战争还没有像这次农民战争规模这么大、时间这么久。这次农民战争沉重地打击了当时的封建统治，推动了社会向前发展。这个特点，是最值得我们注意的。

如上所述，清代历史上有这六个特点，我们学习时应该把这些特点掌握住。把它搞清楚了，对了解许多问题的来龙去脉，也就有了基本的线索。

以上所谈的是清代历史的特点。这些特点都是在长时期内逐渐形成和发展的。每一个特点的发展都是跳跃的、迂曲的、波浪式前进的，不是直线式上升的。在发展过程中有时还要走些回头路。有时单从一个方面或一个问题看不出来，如果我们把它前后联系起来，把和它有相应关系的问题联系起来，就看得明显了。了解这些特点，对研究工作是有帮助的。我们知道，人民是历史的主人，这些特点的形成都是人民共同努力的结果。

下面我们找出一些重大的历史事件，作为研究清史的界标。

三、这一时期的重大事件

清朝历史上的重大事件很多，下面我们列举一些涉及全国人民生活，甚至影响全世界的重大历史事件。

1. 清军入关与统一中国。满族原来在关外活动，1644年入关，建立了全国政权。到1681年平定了吴三桂、耿精忠、尚之信的“三藩叛变”，统一了全国，这是一件大事。1644年清军入关在中国历史上又一次出现了非汉族政权。辽、金、元都是非汉族政权，清军入关使非汉族政权在中国历史上再度出现。

2. 1661年郑成功驱逐了盘踞在我国台湾的荷兰殖民主义者，收复了中国的领土台湾。从殖民主义者手里收回自己的领土，这在当时的世界历史上还是从来没有过的事情，这是全世界历史上出现的奇迹，是影响全世界的大事，这和后来中国抗拒殖民主义国家的斗争是有关系的。荷兰殖民者被郑成功赶走以后，不甘心失败，经常勾引清朝政府联合进攻郑成功，但清政府并没有同意。清廷后来攻打郑克塽也是自己出兵，没有利用荷兰的海船、海军，这也是一件有远见的事情。（《清圣祖实录》，康熙十八年三月庚戌条；二十年二月庚寅条）

3. 1691年蒙古三十旗隶属清政府，奠定中国北部的疆土；

1720年肃清外来侵扰，护送达赖六世回藏，奠定了祖国西南的疆土；1759年平息天山南北的内部战争，建立行政机构，奠定了祖国西北的疆土：使多民族的统一国家进一步获得了巩固和发展。

西藏早就是中国的领土，以前是由中央封藏族首领为法王，派他管理，康熙五十九年（1720年）以后，又由中央加派了驻藏大臣，关系更加密切起来。

4. 雍正元年（1723年）“摊丁入亩”，这是一件大事。在此以前，中国历代有土地税、人口税等等，土地税称为赋，人口税称为役。雍正元年实行了摊丁入亩，把人口税摊入土地税里一起计算，所以又叫“丁随地起”。就是说，从此以后，不再按人口征税，交地税的时候，稍微增加一些，丁税与地税合一，由占有土地的人合并交纳。这件事从1723年明令开始（1723年以前，各地已个别出现），到1729年全国大多数地区都实行。从此中国就没有了人口税。西方国家原来也都有人口税，直到资本主义时期才消灭，而中国在封建时期的1723年就没有了，这在世界史上也是一件了不起的事。

5. 康熙二十八年（1689年）中国和帝俄订立了《尼布楚条约》。这是中国和外国缔结的第一个外交条约。

6. 乾隆五十八年（1793年）英国派使臣马戛尔尼来中国，

要求和中国通好，并且提出条件要求与中国扩大贸易往来；中国没有允许。这件事情如果实现，殖民国家就要打进中国来。

7. 雍正元年（1723年）清政府严禁天主教教士活动，限制传教士只许在澳门居住，不许到内地进行传教活动。这就杜绝了殖民主义国家利用宗教到中国作不正当活动的道路。

8. 嘉庆元年（1796年）湖北、四川、陕西白莲教民发动农民起义，这反映了当时的阶级矛盾的尖锐化。从此以后，清朝开始走下坡路。再过四十多年，鸦片战争就爆发了，中国历史就进入了半殖民地半封建社会的时期。

这些都是和全国有关系、和国际上有关系的大事。当然，大事很多，不胜枚举，这里举出的，仅是和前面所说的特点有关的带关键性的几件。

四、关于这一阶段的分期问题

从1644年到1840年的一百九十七年间有没有分期的必要？如果有这个必要，又应该怎样分期？

我们认为应该按照社会政治经济的不同情况，把整个清朝的历史划分为不同的阶段，以便研究。所以1644年到1840年这一时期，还是分一下好。

就一个王朝的历史来说，清朝应该追溯到1616年，把入关前的二十九年也算进去。1616年到1644年为一阶段，可称之为关外期。但是在整个中国通史中，这一段只能算作明代史的一部分，因为这二十九年只是从满族本身的发展来说可以算一阶段。当然，这一时期满族的发展对全国不能说没有关系。例如明代的辽饷，就涉及到全体人民；又如明、清之间的和战问题，又和明代的政治结合在一起。但如果脱离开明朝的政治来讲，就说不清楚。所以在中国通史里，一般把这一时期归入明代。

整个清朝从入关以后到辛亥革命（1644—1911年）的二百六十八年间，我们可以把它分为三段：

1. 前期（1644—1723年），从入关到摊丁入亩，共八十年。第一阶段又可划分为两段：

（1）入关到统一（1644—1681年），前后三十八年。

（2）统一到摊丁入亩（1681—1723年），前后四十三年。

2. 中期（1723—1840年），从摊丁入亩到鸦片战争，共一百一十八年。第二阶段也可划分为两段：

（1）摊丁入亩到白莲教起义（1723—1796年），前后七十四年。

（2）白莲教起义到鸦片战争（1796—1840年），前后四十五年。

3. 后期（1840—1911年），或称为晚期。这时已经进入近代史的范围，我们就不谈了。

为什么这样分呢?

首先，这种分期只是近似的、有条件的。一般的历史分期也都是这样的。所谓近似的，是说它不是一刀两断、截然划分的；所谓有条件的，是指它不是普遍的。例如颁布摊丁入亩的法令以后，过了五六年才在全国范围内实行。所以我们说这种分期是近似的、有条件的。

为什么要分前期和中期呢？我们认为，时间虽然很短，只有一百九十七年，但是前后两期的发展情况有所不同。拿农业耕种面积来说，顺治十八年（1661年）垦田面积共五百四十九万三千五百七十六顷四十亩；到了1766年（乾隆三十一年）增加到七百四十一万四千四百九十五顷五十亩有奇。一百多年之间耕种面积增加了百分之三十五，增长达到了百分之一百三十五，增加数目是不算少的。垦田面积的增加，说明前后农业生产发展程度的不同，所以可以把它分为两期。

再拿人口增加的数字来看。康熙五十年（1711年）全国人口共二千四百六十二万一千三百三十四人；到了乾隆二十九年（1764年）全国人口增加到二亿零五百五十九万一千零一十七人。如果以1711年百分之一百作为基数，那么到了1764年就增加到了百分之八百三十五，在五十四年中间，人口增加了七倍多。当然，这其中有种种原因，数字也可能不够准确。这一增长幅度的出现，是由于摊丁入亩。因为摊丁入亩以后，再没有人口税了，徭役负担也免除了，过去隐瞒的人口都报了户籍，才使人口这样显著地增长。

摊丁入亩取消了人口税，也反映了封建依附关系的削弱，从而刺激了农民的劳动积极性，对于生产的发展具有一定的意义。

前期和中期的阶级分化情况也有所不同。在清朝中叶，阶级分化是与社会发展并行的。乾隆十三年（1748年）有人说："近日田之归于富户者，大约十之五六，旧时有田之人，今俱为佃耕之户。"就是说，这个时期的土地归富户的大约有百分之五六十，早些时候的自耕农民这时候都已经破产，变成了佃户。可见乾隆时期土地兼并形成一个高潮。在此以前，明代万历年间是一个高潮，这时又是一个高潮。土地的集中当然妨碍了社会生产力的发展（生产力的发展为土地的集中创造了条件），从而引起了阶级矛盾的发展。这一土地兼并的高潮的确切日期难以肯定，具体年代不好计算，因此我们没有记到大事中去。

这就是划分为两期的主要原因。

清代是中国多民族国家的巩固发展时期，祖国的领土大部分在此时奠定。从这方面来说，前期和中期也有所不同：前期是逐步统一和集中；中期是使我们国家的领土更加巩固、确立。由于这几方面的原因，虽然是短短的一百九十多年，而前后有所不同，因此我们把它分为两期。

清代前期的政治和经济（1644—1723年）

一、八十年间的概况

我们先谈谈清代前期八十年间（1644—1723年）的基本情况。

过去，一个王朝的建立，多半是通过一两次决定性的大战争而解决问题的，清朝则不是这样。清朝是在入关以后，经过了短时期的大规模战争，长时期的小规模战争，将近二十年才逐渐完成了全国的统一。清初的军事时期较长，而军事行动又反映了民族矛盾。

清代前期，生产逐渐发展。水利事业的普遍和农业新品种的增多都超过了前代。在生产高度发展起来以后，改革了赋役制度。像摊丁入亩这样重大的赋役制度的改革只有在生产发展的基础上才有可能，而赋役制度的改革又反转来刺激了农业生产的发展，从而促进了工商业的发展、城市的发展。

八十年间，在北方与帝俄、南方与荷兰及其他西方国家扩大了国际贸易关系。当然，这种国际贸易还是有种种限制的。

这一时期清廷与国内的少数民族——在北方与蒙古族，西南与西藏，西北与准噶尔、回族之间的关系都有所改变。这种关系的改变，奠定了统一的多民族国家的基础。

这是八十年间的大概情况。在这种形势下，具体的历史过程逐步地发展。

二、清军入关与统一全国

1644年清军入关正处在中国社会阶级矛盾最尖锐、农民军胜利发展的时期，这时，李自成攻下了北京，推翻了明朝的统治。清军在这个时候入关，究竟是偶然的还是有计划的呢？应该说是有计划的而不是偶然的。从一般历史来看，新兴的民族总是活跃的，具有新的生命力，总是要求发展的。这时满族建国二十九年，不断进占明朝土地并且数度进入长城，其所以在这个时期又一次入关，不可能没有希冀愿望。从史料上来看，清廷入关前听到农民军节节胜利，就要求与农民军合作。1644年正月清方写信给李自成农民军，这信送到了大同，信上说要与农民军合作，“协谋同力，并取中原”，并且说“倘混一区宇，富贵共之”，就是将来把明朝的领土与农民军平分。当然农民军不会出卖农民接受这个条件，只回答说这封信已经收到了，可以转呈给大顺政权领导人，就拒绝了。从清军在这年正月提出与农民军合作，要求平分明朝的土地来看，可以说明后来四月的入关是有计划的，不是临时发生的。当然，清统治阶级在这时也存在内部矛盾，但这不是主要的；满族这一新兴民族要求向外发展，才是主要的。

我们知道，清军入关是吴三桂“请”进来的。大汉奸吴三桂“请”兵入关，这是事实，对于这样一个事实我们应该怎样去看呢？没有吴三桂“请”兵，是不是清兵就不进关呢？我们说，吴三桂“请”兵，对清兵入关起了缩短里程提早时间的作用，即使他不去“请”，清军也是要入关的。在三月底，清军已有出兵准备。四月初九日多尔衮统清军南行。当时清廷还不知李自成已入北京，想随农民军之后拾些便宜。但是吴三桂重军驻守在山海关，要进关就会发生战事，必致拖延时日，因此他们计划不攻山海关，而从喜峰口、古北口一带进入长城，由蓟州、密云疾行而南。军队已经出发了，恰巧吴三桂的“请”兵信来了，于是清兵转道从山海关长驱直入，避免了军事冲突，缩短了进军路程，同时也打乱了农民军的全盘计划和整个部署，影响到大顺政权的安危。当然，清军入关是预定的，吴三桂不“请”兵他也会来，但是不能因此不把吴当作汉奸。农民军的原定计划是一面肃清北京明政权，一面招降京外明兵，驻守山海关的吴三桂也在内。吴三桂不投降就派兵去打，消灭吴三桂然后应付满族独立政权。因此农民军到了山海关。但这时，清军在吴三桂“邀请”之下，很快进了关，李自成的整个计划遭到破坏，部署被打乱了。所以我们说吴三桂是出卖人民利益的罪人，是大汉奸，罪孽深重。有人说，满族是我们国家的一个民族，要进来就进来，不必分彼此；吴三桂“请”清兵也不能算汉奸，他不“请”，清兵也要来。我看话不能这样说。历史人物能翻案的应该翻案，不能翻案的还是不能翻。从后来的事态发展可以看出，李自成如果统一了内地，纵使清兵入了关，他一定还要迫使他们退出关外。因为尽管都是祖国大家庭的成员，民族与民族之间的战争还是应该有正义与非正义的分别，不能任意以兵戎相见。各个民族不在自己的领域内安居乐业，而侵占、扰乱、干涉、压迫别人，自己称霸，是不对的。

下面谈一谈清初的社会矛盾。

在清军入关以前，国内的阶级矛盾是主要矛盾；入关以后，国内的民族矛盾一度上升为主要矛盾。为什么在阶级矛盾非常尖锐时，通过清军的入关，民族矛盾立刻上升为主要矛盾呢？这里有其深刻的历史根源。

1644年以前，清军与明朝一直处在长期的战争中。经过长期的战争，明朝在辽东一带失去了大片直接管辖的土地，领域愈来愈缩小，死伤当然也不少，所以民族矛盾具有历史根源。另一方面，满洲族在1644年以前曾五次出兵进扰明朝，这五次分别在1629年、1634年、1636年、1638年、1642年。有时进入长城，有时围困北京，有时甚至到了德州，进入黄河以南。在这五次中，掳掠了大批人口、牲畜和财物，人民受害严重。这五次时间相距很近，几乎是两年一次大掳掠，使当时的人民生命、财产遭受严重的威胁。加之，满洲的语言、风习和汉族人民歧异，这种差异就包含着矛盾。总之，历史造成的许多矛盾的积累，使有些人受到了直接损害，有些人又怀有间接恐惧。所以，一听说清军入关，民族矛盾立刻尖锐起来。后来所说的什么“扬州十日”（1645年）、“嘉定三屠”（1645年）、江阴守城八十天（1645年）、湘潭何腾蛟遇害（1649年）、桂林杀明官四百七十三人（1651年）……都是历史事实，是清军入关以后民族斗争的反映，不是因此而引起民族斗争。正是由于前述的历史根源，清军才一入关，民族矛盾就立刻发展成为主要矛盾。整个关内人民在农民起义军倡导下，迫使南明封建王朝一致起来抵抗清军。但是，这种情况没有继续多久，阶级矛盾又转化为主要矛盾了，这也是事实，但我们总不能把它说成完全没有民族矛盾。如果这样说，那么人民抵抗开始入关的清军就解释不通了。当然，把民族矛盾与阶级矛盾完全看作是两回事是不对的，民族矛盾实质上是阶级矛盾，是在一定条件下通过民族矛盾形式表现出来的阶级矛盾。例如：顺治七年（1650年）七月多尔衮拟建避暑行宫，令户部加派直隶、山西、浙江、山东、江南、河南、湖广、江西、陕西等九省（当时共十五省，而云、贵、两广四省还未完全统一）钱粮二百四十九万余两作为工程费用，这无疑是阶级矛盾，但由于清军入关才六七年，自然引起民族矛盾的加剧。所以，认为民族矛盾为主而否认当时有阶级矛盾存在，是不确切的；但是，因此而认为清初就没有民族矛盾，也是不确切的。顺治二年（1645年）春正式颁布“圈地令”，满人用政治势力强制占夺汉人的土地；到了顺治八年（1651年）停止圈涿州等十三州县地。这种圈占土地的行为当然要引起民族矛盾的加剧，而1651年圈地的取消正是由于汉族人民激烈地反对、民族矛盾尖锐化而被迫取消的。这件事也说明了民族矛盾的实质就是阶级矛盾。但不能把两者完全混为一谈。

顺治八年（1651年）时，清朝统治者说，前两年对明朝的宗藩杀得太多了，今后不要再杀，凡是明朝的旧贵族都找来恩养。这种杀戮政策的缓和，正是民族矛盾的反映。

顺治十年（1653年），顺治说，现在对朝廷政策提意见的人以满人为多，汉人不大说话，以后有事，应满汉一样，不要再存满汉之见。汉人不说话，也正说明了民族的矛盾。

从这些事情看来，顺治八年、九年、十年间，民族矛盾仍然存在，只是比较隐蔽，不显著罢了。如果说清初就没有民族矛盾，也是不易解释的。

当然，在这以后，由于地方上满洲政权逐渐稳定，阶级矛盾有所发展。顺治十年（1653年）改折各直省本色钱粮，仍归于一条鞭法。1654年免河南水灾额赋，1655年免直隶、山东等处水灾额赋，1656年免江西旧欠赋税，这都说明了阶级矛盾逐渐上升，所以需要免赋以缓和阶级矛盾。

从以上事实来看，清初是存在着相当尖锐的民族矛盾的，民族矛盾在当时社会生活中占了主要地位；但是后来民族矛盾没有直线上升而是逐渐和缓，阶级矛盾转化为主要矛盾。例如，1659年郑成功领兵攻打南京，张煌言领兵到达芜湖，所经各州县有许多农民和读书人来迎接他们，但是并没有人起兵响应他们。可以看出：这时民族矛盾已经不如阶级矛盾鲜明了。到了1661年以后，郑成功入台湾（1661年），李定国死（1662年），李来亨死（1664年），清政权更加巩固，阶级矛盾就上升为主要矛盾。

大体上说，从社会矛盾的表现形式看，在清军入关以后的十年间（1644—1653年）民族矛盾是主要矛盾；入关后的十一年至十五年间（1654—1658年）主要矛盾由民族矛盾逐渐向阶级矛盾转化；十五年至二十年间（1659—1663年），阶级矛盾取代民族矛盾成为主要矛盾。但从社会矛盾的本质看，民族斗争归根到底是一个阶级斗争问题。

清廷统一中国，是在平定三藩以后（三藩之乱发生于1673—1681年）才真正实现的。在清军入关之初，关内的抗清力量，分成几个部分。一是明朝的旧政权。他们分为几支，各据一地，分头抗清，即所谓南明的福王（南京）、唐王（福建）、鲁王（浙江）、桂王（云南）政权。他们都是明朝的官僚和贵族，承袭了明代的腐朽统治，虽然起来抗清，但是他们不是抗清的主力。在抗清作战中，也出现了不少抗清英雄，如史可法、何腾蛟、瞿式耜。史可法在扬州抗清非常坚决，表现了忠贞不屈的精神。在湖南的何腾蛟、在广东的瞿式耜，都是了不起的人物。但是，他们只是在个人气节上表现了宁死不屈的精神，在抗清事业上，并没有起重大作用。

另一部分抗清的力量是农民起义军李自成、张献忠的部

史可法

下。李自成的部下一直聚集在川、鄂交界之处，猛烈地抗击清军。抗清坚持到最后、最晚的是李来亨。张献忠的部下最有名的就是李定国，活动在云南一带，也坚持抗清到最后。

此外，在东南沿海的浙江、福建一带，抗清的有郑成功（福建）、张煌言（浙江）。

南明的抗清力量早就消灭了，只有郑成功和张煌言与清兵作过多次斗争。张煌言有八次从海道向清政府进攻，郑成功有九次进攻福建、广东，三次进攻浙江。两个人在1659年还联合进军长江口，围攻南京。这是一支强大的力量。

但这里面最强大的抗清的主力，则是从反抗明朝腐朽统治转向反清的农民军。以李来亨为首的农民军坚持到1664年；李定国军坚持到1662年。他们都坚持了二十年之久。此后，大陆上的抗清武装转入地下，而沿海则继续在抗清。

农民军虽说最后失败了，大规模的军事行动已经基本上结束，全国范围已经在清军武力控制之下，但是清朝还不能说已经真正地统一了全国。因为虽然没有了抗清的武装，但是还有三藩的割据问题。

清军在入关前后，因为自己的队伍还不够大，人数较少，除满族军队以外还要依赖汉人的军队。在汉族投降的军队当中，首脑人物有孔有德、尚可喜、耿仲明、吴三桂等人。

前三人在清军入关以前就投降了，吴三桂则是迎接清兵入关的。在入关初期还是清军作战，清军南下时则利用了汉人的军队。因此，在南方平定后，清政府就派他们驻守南方。封孔有德为定南王于广西，尚可喜为平南王于广东，耿继茂为靖南王于福建（耿仲明死后，由其子耿继茂袭爵，后耿继茂病死，由其子耿精忠承袭），吴三桂为平西王于云南、贵州。孔有德后来为李定国所攻，兵败自杀，爵除。尚、耿、吴就是所谓三藩。他们在地方上都有很高的权力，可以自己设立税收机关，对人民直接进行剥削和压迫，可以把国家土地作为私人的土地收租，可以在其辖境内制订出一套自己的办法来治理，官吏也可由自己任命。这几省在名义上是全国的一部分，但实际上是割据局面，不受清朝中央政府的指挥。所以，当抗清的军事停止后，全国还没有达到真正的统一。

到了1673年，三藩和清朝中央闹翻了。首先是吴三桂在云南起兵反抗清朝。贵州、云南本属他的势力范围，独立以后，立刻又拿下了湖南、四川，于是这四省全在他的控制之下。随着陕西提督王辅臣举兵响应，广东、广西、福建（这时耿精忠已袭爵）三省原三藩部下和吴三桂采取了一致的行动，整个局面立即发生了剧烈的变化。全国大部分地区倒向吴三桂这一方面，包括陕、甘、云、贵、川、闽、粤、桂、浙和江西南部，声势浩大。只有河北、河南、山东、山西、湖北、江苏、安徽还在清政府的控制之下。康熙十七年（1678年），吴三桂兵败病死，康熙二十年（1681年）三藩之乱平。吴三桂失败的原因：首先是因为他迎清兵入关，从广大的人民看来，这是民族压迫的根源，广大人民对他怀着仇恨；其次是起兵没有反映群众的要求，吴三桂完全是为着个人利益，人民和他不能合作；第三是三藩对广东、广西、云南、贵州、福建一带人民剥削很残酷，压迫很厉害，人民阶级仇恨深，所以不支持他们；第四，吴三桂对联合起兵的孙延龄（孔有德部下）、尚之信（尚可喜子）、耿精忠等未做好团结工作；第五，在军事战略上，吴三桂过于保守持重，不敢渡江北捣。因此，吴三桂虽然占有全国百分之五十至六十的面积，但是终于不能成功。当然，在平定三藩的事件中，康熙也表现了他的才能，交通、情报、后方工作等等方面都做得很好，他的军事才能也表现出来了。

1673年到1681年的三藩之乱平定后，清朝才算统一。1683年郑成功孙郑克塽降清，台湾的抗清力量——最后的抗清力量也被消灭了，这时清朝正式完成了统一事业。

三、沿袭明制和保证满族地位的政治

在清兵入关以前，虽然它还是刚进入封建制度不久的少数民族，实际上就已经在模仿明朝，已经开始汉化。特别在1636年到入关（1644年）以前一段，模仿最为厉害，满族的社会发生了急剧的变化，要求向高度封建化的先进民族学习。

从入关以前的二十九年来看：1616年到1626年这十一年中，对汉族的文化还没有足够的重视，相反，有些反对汉化。虽然最高统治者倾向汉化，但是一般贵族们都反对汉化。从1627年到1635年的九年是满汉文化竞争消长的时期。有些人主张汉化，有些人要维持自己民族固有的文化。1636年以后，满族更进一步汉化了。在此以前，还有更浓厚的奴隶制残余，到1636年以后，封建化也更进了一步。所以汉化的过程也就是封建化的过程。

在关外是如此。入关以后，它以少数族统治多数族，更需要采用高度封建化的汉族的政策和政治制度。在入关以后，从1644年到1650年的七年间，执政人是多尔衮。他本人在满族中汉化较深，和汉人很接近，入关前已经注意汉人的政治；入关后更加仿行。和他接近的多是文化水平较高的汉人，在入关前

多尔衮

他任用了范文程、洪承畴等，入关后更重用明末的大学士冯铨。他所以接近这班人，就是由于迫切感到必须用汉人的办法来统治汉人。因此，一入北京就表示要沿袭明朝的政策、制度，即所谓“法明”，也就是效法明朝。他宣布明朝大小官吏一律照旧供职，与满族官吏一同执事。如果制度有所不同，那么他们就无法共事，这就是表示明朝制度一律不变。1644年7月，又宣布赋税制度完全按照明万历初年的规定，正额以外的加派一律取消。所谓“正额”，就是明朝规定的赋税数额。征解办法也没有改变。在财政制度方面，在任官制度方面，在考试制度方面，也按照明制办事。明制对官吏的额外奖励，如所谓“封荫”等，也照样沿袭不变。一切按照明制办事，这是非常显著的。当时明朝政治上常用的制度法令汇编《大明会典》成为清廷设置一切制度措施的指南。原来清廷还在关外时，就已把它翻译成满文了。1646年又把记载朱元璋建国时一套政治措施的《洪武宝训》翻译出来，并通行全国。这部书包含着明朝整个政策的主要精神。这就说明，清朝在制订政策方面也是仿效明朝的。

清代贡院

清朝建国时的情况和明朝是完全不同的。明朝建国时，朱元璋重新制订了一整套制度；清朝却完全按明朝的规定执行，没有加上自己的意见。这当然和两朝建国时所处的时代背景、生产方式和生产关系有关。因为在清朝刚入关时，满汉界限非常清楚，汉人对满人存在着隔阂、疑惧。清廷为了要清除这个矛盾，使多数汉人不感到是在满洲少数族统治下，因此就尽量设法使人们不觉得有大的改变。一切都照旧，自然没有改朝换代的感觉。这也是掩盖民族矛盾的一种手法。“法明”的本意就在这里。

清代与明代的政策、制度虽然大部分相同，但是也有不同的地方。不同的主要是八旗制度。这是满族原来的旧制度的残余，是明朝所没有的。如果把八旗制度完全推翻，那么满族的内部就完全乱了，所以保留了下来。

八旗是满族在关外的一种制度。就是将当时满族的统治地区分为八个大单位，下面有中间单位和基层单位，将全国人民都组织进去。义务由八旗平均负担，权力也共同分享。这是整个满洲的政治制度，是从固有的民族风习沿袭下来的。其中基层的单位是佐领（满语称牛录），共三百人，这三百人是能承担政权义务（成丁独立）的人。五个佐领组成一个参领（满语称扎拦），共一千五百人。五个参领组成一旗（满语称固山），共七千五百人。总共只设八旗。

这样组织当人数少时是没有问题的。人口增加了怎么办？是不是添旗呢？按照满族的制度一般不添旗。基层不动，最高单位不动，而将中间单位的数目加以调整。参领的数目可以增加到八、九、十个为一旗。凡有任务就由八个单位（旗）分担。分担办法，都在佐领中摊派。每个佐领抽三个人、五个人，三匹马、五匹马，然后把抽调来的编制起来。从要人、要马、要钱乃至要人参、要狐皮，都是平均负担。一切权利也按八旗分配，全国土地也按八旗平分，土地多了，仍就八旗平均递加。抢来的钱财、人口、牲畜也按八份分。都是平均主义。这是满洲历来的办法。

八旗究竟是一种什么制度呢？有人认为八旗制度是军队制度，实际它并不是单纯的军事制度；有人说是户籍制度，其实它也不单纯是户籍制度；因为它还有应尽的其他义务和应享的其他权利。可以说这是在氏族联盟的残余的基础上发展起来的一种阶梯统治，它是满族入关前的政治制度。全国有一个最高的统治者，称为汗（后称帝），以下分八个旗（固山），旗有旗主（满语固山额真），是旗的统治者，都是贵族。汗抓旗（固山），旗抓参领（扎拦），参领抓佐领（牛录），而全体人民都组织在佐领之中。这是一层一层的封建主义统治而具有氏族残余和蓄奴成分的政权制度。随着社会的发展，旗主权力逐渐削减，皇权日高。清军入关后，这种制度并没有废除。凡和明朝制度不矛盾的地方，仍按八旗制度办事，凡和明制以及高度封建化有矛盾的地方则对八旗制度逐步有所修改。直到雍正时（1723—1735年），八旗制遂与关外时完全不同，成了管理旗民的一般行政衙署。

八旗中有八旗兵，是挑补来的。原则是“尽人皆兵”，就是说，所有满族壮丁都有当兵的义务，国家需要兵丁时，就用挑选的办法抽调，挑补上的就得当兵。清代军队制度和明代不一样。明朝将军队分到各个卫所进行屯田，所谓以军隶卫，以屯养军。所以明朝前期没有军费支出，军队一切供应都由军士自己屯田解决，自己养活自己。清朝则以饷养兵，发给军饷，满兵比汉兵饷高。除饷银外，还有军米，满兵的军米更高。一个旗兵每月的兵饷是银二两，还有二石米军粮，供全家吃饭。所以当兵又称为“吃粮”。军粮最高的到三石，一直发到退伍，待遇相当优厚。清朝的军制和义务兵役制又不完全一样，只要挑补当兵，不被淘汰就得终身服役，没有规定的入伍期限。所以后来承平时挑补旗兵变成了权利而不是义务了。满洲军队的数目历代不同，一般说来在北京的八旗兵有十五万左右，各省人数更少，只有几千人，全国八旗兵总共不到二十万人。

清代除八旗兵外，还有汉人组成的军队，以绿旗为标帜，称绿营兵。绿营兵是招募来的，每月的饷银、军粮数目同八旗兵相差很多。八旗兵军粮三石，绿营兵只有三斗；满人饷银三两，汉人则只有一两五钱。八旗兵和绿营兵地位也不一样，虽然同是当兵，但是八旗兵的地位高于绿营兵。这里就表现了清廷的政策特点之一，在任何地方都要保持满人的优越地位。

八旗中的每一旗都用特殊的颜色作为标志。分黄、白、红、蓝四种颜色，又分正旗和镶旗。镶旗是原来的旗帜周围镶上红边，红旗则镶白边。不镶边的叫正旗，有正黄、正白、正红、正蓝四旗；镶边的叫镶旗，有镶黄、镶白、镶红、镶蓝

镶黄旗的旗帜

四旗。汉人军队则另用绿色。入关后，八旗在排列上，以镶黄、正黄、正白为上三旗，正红、镶白、镶红、正蓝、镶蓝为下五旗。

清代还有一个不同于明代的制度，就是内务府。内务府是从八旗制度产生的。满族在入关以前经过了奴隶制，进入封建制以后，奴隶制的残余还存在，但是奴隶的地位与过去已有所不同了。过去是一切苦役都由奴隶干，奴隶是主人的财产，可以买卖，主人可以自由处死奴隶。封建化以后，奴隶的地位提高，就不能随便杀死奴隶了。特别在入关前的后期，满族奴隶的地位逐步提高，他们对主人虽还有侍奉的义务，但在其他方面则和以前有了很大的不同。在主人面前，他是一个奴隶，但是在别人面前就看不出是奴隶，许多地方都和一般人没有显著区别。满洲的奴隶不是生产奴隶，一般是家内奴隶，主人的家事都得奴隶来做。满语称奴隶为“阿哈”，家内奴隶称“包衣阿哈”。“包”，汉语为家，“衣”为虚字“的”字，“包衣”译成汉语即“家的”，或“家里的”。“包衣阿哈”就是家庭中使用的奴仆，简称“包衣”。这种制度一直保留到入关以后很久。因为所有的人民都组织到八旗中去，奴隶也要组织进去，一个旗里面有贵族，也有奴隶；甚至把主人和他的奴隶都编在一个旗里。一般平民参加的单位叫佐领，奴隶的组织单位叫包衣佐领，政治待遇和地位都不平等；但是，从一般老百姓看起来他们都是旗人，看不出有主奴之分。

既然主人家里的杂务都由包衣来管，皇帝家里的杂务当然也是由包衣来管。皇帝的包衣后来组织起来成为一个专门机构，称为内务府，负责管理皇帝的家务琐事，即宫廷的一切事务。太监也归内务府管，因此清朝的太监受到了一定的限制，整个清朝没有宦官之祸。当然也出了几个权势较大的宦官，如清末崔玉贵、李莲英、小德张之流，但是没有像明代的刘瑾、魏忠贤那样权倾一世的大太监，和汉、唐两代的宦官也有所不同，就在于有内务府管。内务府是不是也可以把持大权呢？不能。原来太监是终身职，而内务府是流官，有升迁，任职时间不长，所以内务府的人不可能长期广树党羽，像前代的宦官一样为所欲为。

四、清初对汉族及其他民族的压迫

清初对汉族和其他民族的压迫，可以举出以下几个问题：

1. 薙发问题。清入关以前，汉人和其他民族一般都留长发，即所谓“束发”。满族习俗，男子要薙发（剃发），头顶中间保留长发，梳为长辫，顶发四周边缘剃去寸余。1644年满族入关后就下令全国人民都要薙发，以此作为归附的标志。这个命令遭到汉族和各族人民强烈的反抗。在清初为了薙发问题曾开展了多次斗争，甚至发生战争，表现的民族矛盾非常尖锐。

2. 衣冠。过去汉人男子衣服宽大，袖子很肥，戴高冠，系长带，所谓“峨冠博带”。满人则衣袖窄小，以便于骑马射箭。清兵入关以后，下令衣冠一律采用满人式样，其他民族认为这也是一种民族压迫。

3. 关于“逃人法”。由于满族是占统治地位的民族，在入关以后，就有些卑鄙的汉人投到满人门下，愿意附籍或做奴隶，因此在清初就出现了所谓“投充”问题。有许多“投充”的是无耻的汉族地主，他们“带田投充”，企图凭借满人的势力来保护自己的利益。但在满人眼里，他们既然“投充”，就是“包衣阿哈”，要听命令，受制裁。有些投充人感到不满，受不了打骂，就私自逃亡，于是就出现了所谓“逃人”。还有一些“逃人”是俘虏来的或买来的奴隶，受不了虐待而逃亡。满人为了防止奴隶逃亡，就订出了管理逃人的“逃人法”。

“逃人法”按照满族习惯，对逃亡的人给以非常严厉的制裁。在他们看来，奴隶就是主人的财产，财产丢失了一定要寻找回来。所以逃亡的奴隶必须找回来，找回来之后却不一定加以处罚。所以对奴隶处罚很轻，而对窝藏“逃人”的人处分却很重。对于收容“逃人”的汉人更要严加处理，甚至没收全部财产，有时还牵连到左邻右舍。这种法律使广大汉人感到非常忧惧。加之，满人中也有故意做出圈套，主仆串通，伪装逃亡，敲诈勒索的，一时骚扰得非常厉害。这条法令在清初经过长期反复的斗争才被取消。

4. 通海问题。前面讲过，抗清的主力——农民军在大陆上经过长期斗争，逐渐削弱以后，沿海的抗清力量逐渐成为主要的力量。清政府唯恐大陆与沿海有联系，所以下令禁止通海，实行“海禁”。但是沿海人民靠捕鱼为业的不能不出海，于是又行所谓“迁界”的办法，即在沿海三十里到五十里地方立定界牌，不许人民越过界线，企图用这办法完全断绝海上交通。凡界外居住的民户，一律用强迫命令的办法，把他们全部人口、财产迁进内地。这在当时，实际就断绝了人民生活道路，是促使民族矛盾尖锐化的措施。顺治八年（1651年）开始海禁，此后有时更严，有时稍宽，直到康熙二十年（1681年）沿海反清力量削弱后才解除。重点在浙江，包括福建、浙江、江苏一带。骚扰最重的也在浙江。

这就是清初对汉族和其他民族的压迫的几个方面。

五、经济的恢复和发展

清初经济恢复和发展的速度是很快的，这里谈谈有关的几个问题：

1. 关于圈地问题。

从清军一入关就发生了圈地问题。按照八旗在关外惯例，一切权利都平均分配，新得的田地也分为八部分交八旗耕种。但是一入关后，突然得到了这么大片的土地，不可能按照八旗的惯例平分，同时，又有很多满人进关后没有得到更多的利益，而且需要土地，于是决定：整个土地不能平分，只把明代的官田分配给八旗。“圈地”就这样出现了。从1644年7月开始，规定将明代官田、皇庄分给八旗将士；但土地有限，不敷分配。1646年到1647年规模更为扩大，不限于官田、皇庄，将其他无主的田地也圈占了，有时甚至将有主的土地也圈了。直到1666年还在继续圈地，而且规模越来越大。

如果只限于圈占官地和空闲无主的土地，问题还不大。但后来又出现了所谓圈换。这块圈拨的土地不好，可以强迫掉换一块好地，于是把人民的私产也包括在圈换的范围以内了。土地圈定以后，借口零散不便管理，可以强迫集中成一片，其中原有的人民私产，起初还把它移换出去，后来就连人民私产也算成自己的了。圈地办法给当时的土地掠夺造成了很大的方便，先是拨给，后是圈拨、圈换、圈补、圈占、圈取，出现了种种名堂和办法。原来只限于圈占土地，后来包括了地上的房屋树木，甚至发展到把土地上的居民也变成替他们耕种的农奴。最初圈占的是官田和无主土地，后来有主地甚至民田都圈占了。这一县的土地圈得剩下不多了，又换到另一县；这一县的人民私田被占了，就把别一县的官地换给他们。这在国家财政上也造成很大困扰。有时，地主住在甲县，而土地却换在乙县，根本无法照顾，只能佃给乙县农民永远佃种，于是形成地主对土地既没有使用权，也没有买卖权，而永佃人却可以卖佃的情况。至于纳粮，也间或形成地在乙县而粮在甲县缴纳，这就是所谓插花地。因此在当时产生了种种扰乱。圈到的土地原来只分配给从满洲来的无地的将士，不包括贵族；后来土地实际上被贵族占去了，而交给投充和俘虏得来的人耕种。我们知道，在世界史上，英国在17世纪时也有圈地，但是和清初的圈地完全不同。英国的圈地是由国家把圈出土地卖给农业资本家，由资本家经营；而清初的圈地是采用落后奴隶制或农奴制的方式来进行生产的。两者本质上是不能相提并论的。

这种圈地的措施，遭到汉人极力反对，他们用逃跑的办法，消极抵制。因此这种制度很快地就改变了。圈地逐渐变成为庄田。圈地的原意是想采用农奴制生产，但是行不通，所以变成为庄田，转而采用租佃形式。皇庄、官庄和旗庄都设有庄头，由庄头招佃，找人耕种。土地的收益上缴内务府或八旗衙门，用来补助贵族和军士的生活费用。

清代的庄田大致分为三种：一种是属于内务府的庄田，数目不很多，大约共五千七百四十八顷三十亩；一种是八旗官兵的庄田，共十四万零一百二十八顷七十一亩；另一种是宗室的庄田，共一万三千三百三十八顷四十五亩。以上三项合计共十五万九千二百一十五顷四十六亩。

清初，最初土地约二百九十万顷，庄田占全国土地总面积的百分之五点四。到了乾隆时，庄田只占百分之二，当时全国土地总面积已达七百八十万顷，而庄田还只有十五万多顷。

以上材料说明，圈地所占全国土地总面积最多时达百分之五，最少到百分之二，因此，它对当时经济发展来说，不起很大的作用，不应把它的作用过分夸大。当然，这种采取落后方式、抢夺民田、用奴隶劳动进行生产的状况，只有很短的期间就改变了。即使没有改变也起不了多大作用，只是昙花一现而已。不能因此就说清初的中国社会倒退了。

2. 关于治河问题。

下面谈一谈清初恢复经济措施之一的水利事业，这和治河有关。

清初对治理黄河投下了很大的力量。当然仍限于当时科学技术的水平，但比过去是有进步的。康熙说过：今天治黄河与过去不同，过去治河只防黄害，我们今天治河不仅要防害，而且要利用它，使为我用，对农田和交通运输有利。这说明了清朝比过去甚至明朝是进了一大步。但是也受到当时科学技术水平的限制，他们根本不懂得水土保持，只知道把堤岸加高培厚，使它不出乱子，只知道增挖引河，从事灌溉，保持水路交通。当然，这在清初还是起了相当大的作用。康熙六次南巡（1684年、1689年、1699年、1703年、1705年、1707年），都和治河有关。

3. 垦荒问题。

垦荒也是恢复生产的主要办法。从顺治六年（1649年）开始，清政府号召人民回乡垦荒。清初的垦荒规模很大，因之，在农业生产的恢复中产生了很大的效果。我们可以举出以下的几个数字来看：

公　元	年　代	全国耕地总面积
1651年	顺治八年	2，908，584顷61亩
1660年	顺治十七年	5，194，038顷30亩
1679年	康熙十八年	5，136，353顷
1711年	康熙五十年	6，330，304顷

从以上材料可以看出，垦荒收到了实际效果。1660年到1679年之间并不是耕地面积减少了，而是因为当时耕地面积的记载主要根据这一年各地方上报的数字和税收的数字，有时发生了灾害，减免田赋的耕地面积就不统计在内，上报的数字减少了，所以耕地总面积的统计数字也少了。但是总的来说，这些数字反映了清初在恢复生产上获得很大效果。土地增加了，人口跟着上升，适应这一情况，清廷又采取了新的措施。

六、滋生人丁永不加赋（1712年）和摊丁入亩（1723年）

滋生人丁永不加赋和摊丁入亩是清朝财政上的两个突出的措施。

由于清朝耕地面积的扩大，农业的恢复和发展，人口的增长，人丁税也随之增多，国家收入就很快地增长起来。康熙五十一年（1712年），康熙帝看到了国家财政收入有了赢余，就考虑到是否可以不再增收人口税的问题。于是宣布人口税只收到康熙五十年（1711年）的数额为止，自1711年以后，无论增加多少人口都不再征税，这就是所谓“滋生人丁永不加赋”。从此，人口税冻结了。但国家财政收入并不因此减少，而人民的负担却可以减轻。这个办法意图很好，但是执行时有很多困难。因为人口税既然冻结了，此后出生的人口不再征税，而死亡了的人口税应该由谁来抵补呢？于是后来又想了一个新办法，决定不再按人口征税，将应征人口税额，分摊在土地税内按亩合并征收。在1716年，广东首先将人口税归入土地税里征收，农民很满意，中央和许多省都感到这个办法好，于是就陆续实行。1723年先在河北，其后是山东，1724年在福建，都先后实行。1726年以后，又有许多省份实行。从1727年到1729年陆续通行到全国。这就是所谓摊丁入亩，又称丁随地起。1729年全国差不多普遍实行了，只有山西一省直到乾隆十年（1745年）才彻底实行，是全国最晚实行的。贵州究竟是在哪一年实行的，记载尚不一致。

这一制度的实行，使人口税永远在中国绝迹了，这是很了不起的。摊丁入亩是从滋生人丁永不加赋发展来的，它是在清初生产恢复发展、人口增长、国家收入增多的基础上采取的有重大意义的措施，不是凭空想搞出来的。在摊丁入亩以前，赋役制不是公平合理的：真正从事农业生产的广大劳动人民所受的损失很大，而地主的人口税支出较少。因为丁税只有成丁才抽，地主家里壮丁应纳税额和土地收入比较起来是很有限的；而农民只靠壮丁劳动，如果交不出丁税就必须服役，家里生活就没有着落了。加之，服役一二天，路上来回就得很多天，时间、精力、财力都有很大耗损。所以老百姓对徭役感到是一个严重残酷的负担。中国过去有赋有役，赋是有限度的，有一定规定；徭役扰民则比赋厉害得多，甚至可以破家，给劳动人民带来的痛苦比赋更加残酷。所以农民痛心疾首，屡起反对。清朝早有人主张改革丁税，但是总没有改成功。到了滋生人丁永不加赋实行以后，丁税有了固定数额，才给摊丁入亩创造条件，迫使统治者感到不这样改就有很多麻烦，不能不改了。

清代把赋税叫作地丁钱粮，地是指土地税，丁是指人口税。地丁合在一起按土地征收，使国家收入得到了保证，同时人民的痛苦也减轻了一些。地主负担虽然增加了，但也很少很少，每田赋银一两不过只加银二钱多一点，即只增加了百分之二十。而且，一般农民应交的田赋达到一两的很少，地主每两加二钱银子是不算一回事的。

摊丁入亩的结果使人身依附关系也减轻了，人民可以自由活动了，不会因出门后的徭役而使家里遭到迫害；不移动的人口也不再因为交不上丁税而被迫服役了，劳动积极性因之提高了很多。所以在清朝的整个制度中，这是一个重要的有进步意义的措施。

摊丁入亩既是1716年首先在广东实行的，为什么我们又把它的开始算在1723年呢？因为广东只是试行，正式成为法律是1723年从河北开始的（真正开始实行已经到了1724年），所以，我们把这一年作为摊丁入亩的开始。

七、巩固统一的战争

这里所指的巩固统一的战争并不是指平三藩之乱。平三藩之乱在清朝是讨伐叛逆的战争。在这里我们所说的是当时如果不进行战争就会使国家的统一遭受到破坏，是为了巩固统一而不得不进行的战争，主要是指在边疆上与少数民族进行的军事斗争。

在中国的整个疆域中，有许多民族很早就定居下来了；但是在边境上还有一部分少数民族和外国接界，距离中央较远，又都由本族的首领管理，所以常常互相争夺。在清初的新疆北部和现在境外的一部分民族，过去称为厄鲁特蒙古（即明代的瓦剌），也就是住在沙漠以西的蒙古民族。厄鲁特蒙古有四大部分，其中最大最强的是准噶尔。他们离开清朝中央很远，和帝俄接近，帝俄又对他们施行拉拢、诱惑，因之向心力不强。准噶尔逐渐强大起来，一方面向南发展到青海、西藏，一方面向东方的蒙古发展。清初，准噶尔出现了一个首领名叫噶尔丹，他是一个有才干的野心家，想把中国西部和北部的各少数民族完全控制起来，同时又受到沙俄的蛊惑，力图向外扩张自己的势力。这样，就和当时住在漠北的蒙古喀尔喀民族发生了战争。喀尔喀抵挡不住准噶尔的进攻，就投奔清朝，要求对准噶尔加以制止，并自愿作为清朝整个国家中的一部分。于是在明朝一度失和的蒙古民族复合于一。我国北方的边疆就在这时确定下来了。喀尔喀当时确是自愿的，主要是指靠清朝帮助它打退噶尔丹的进犯，同时也认为和满族的习俗、宗教、语言文字相近，因此自愿参加。

外蒙加入清朝后，清廷仍让蒙古贵族自己管理，只设库伦办事处。喀尔喀既然是受到准噶尔的军事压迫，清廷就有义务加以制止，因此就在1690年、1696年、1697年三次和准噶尔发生战争。战争的目的是遏止国内各少数民族之间互相侵夺的军事行动，保卫祖国边疆的完整统一。三次战争的结果使外蒙的局面稳定下来，西北国境的完整统一得到了保证。

从1718年到康熙五十七年（1720年）至五十九年，清廷和准噶尔再一次发生了战争。这次是发生在西藏地区。因为准噶尔在首领噶尔丹死后，在西藏还保留着它的统治势力，对西藏的政权还有很大影响。达赖五世死后，西藏出现了三个第六代达赖喇嘛。根据西藏制度，达赖和班禅死后，都要通过“呼毕尔罕”（藏语，意为化身）转生下一代达赖或班禅。即在他死后，根据指定方向，找一个恰好在同时出生的婴儿，作为他的继承人。达赖五世死后，同时出现了三个符合条件的可以继位的人，其中有一个是为西藏人民所承认的，其余的还有怀疑。西藏的一个大臣就和准噶尔勾结起来，拥戴人民怀疑的一个，图谋借此把持西藏的政权。但人民是反对这样做的。如果他们的阴谋得逞，那么西藏就将为准噶尔所控制，因此清朝不得不派兵和准噶尔发生战争。战争的结局是准噶尔退出西藏，真正为西藏人民所拥戴的第六代达赖由清朝政府派人送进去。这次的战争也是为了维护祖国的统一，使西藏免于遭受准噶尔统治的厄运。前面说过，准噶尔受沙俄蛊惑，怀着很大的野心，如果西北国境长期为它所控制，那么，对于祖国领土的完整和统一是非常不利的。

因此，以上两次战争都不能说是非正义的战争。这两次战争是非常重要的，它使祖国的疆土联系得更加紧密。当然，这些地区的进一步巩固还在以后，但是这两次战争都为以后的巩固初步奠定了基础。它使这些地区的领导权保持在清代中央政府的手里，而不至变成敌人侵略中国的前沿阵地。

八、清初的对外关系

1. 帝俄的陆路通商问题。先说一说《尼布楚条约》。尼布楚在今内蒙古自治区满洲里市以北苏联境内，今名涅尔琴斯克。清初，帝俄进入这里和清朝发生接触。当时边界未划，清政府对这个问题很注意，因为这是中国的领土，当即派人驱逐帝俄的人员。帝俄几次派人来交涉，中国也有信给他们，但因语言不通，相持了很长时间，没有解决问题。康熙二十八年（1689年）帝俄派人来商谈划界和通商等问题，清廷允许他们陆路通商，遂缔结《尼布楚条约》。《尼布楚条约》是中国和外国订立的第一个正式外交条约，共七条。后来商定只许俄国商队（不是个别商人）集体来做买卖，时间、路线、人数都有限制，以便控制。又在北京设立俄罗斯馆，让他们居住、休

签订《尼布楚条约》

息。允许俄罗斯学生到中国学习。以后其他国家提出同样的要求，清政府考虑到不便控制，都没有答应。

在《尼布楚条约》签订之后，雍正五年（1727年）又订立了中俄《恰克图条约》十一条，精神和《尼布楚条约》一致，只是更明确了。规定通商为三年一次，每次允许俄国商队来二百人，以恰克图为贸易之所。恰克图在今蒙古人民共和国和苏联交界处。

2. 清与耶稣会士的斗争。天主教来中国是文化侵略的一种形式，也是文化侵略的一个方面。他们一进来之后（还在明万历年间）就引起了中国人民和政府的注意。耶稣会是天主教中的一个教派，耶稣会士包括了各国教士，它是直接由教皇领导的一个特务组织，为教皇做情报工作。清廷对耶稣会士（不是整个天主教徒）作过斗争。

当时，耶稣会士帮助中国修改历法，修改后在颁发的历本上写出遵用大西洋法，中国人民感到非常不满，发生斗争。1705年和1720年又因为礼节问题引起两次斗争，这两次斗争是比较重要的。耶稣会士最初来中国是在16世纪末年（利玛窦1601年入北京），他们本意是想借贸易的机会，自由侵入中国，既遭拒绝，于是改用宗教作招牌。开始时，他们允许中国的天主教徒拜祖宗、拜孔子，不变更中国的风俗礼节，以便顺利地进入中国。但是到了后来就不同了，要求中国人改变这些礼节，规定凡入教的人只能信仰耶稣一个神，不许拜祖宗，不能拜孔子，于是引起了一场严重的斗争。清廷无论如何不准他们改变中国的传统礼俗风习。中国人信仰天主教是可以的，但是，不拜祖先、不拜孔子则是不许可的。这次斗争非常尖锐。最初，在中国的耶稣会士也进行了一些调解，主张向中国政府让步，以便暂时缓和下去，但是罗马教皇坚决反对让步。康熙五十九年（1720年）又派人来中国，态度很不好，中国也很坚决。康熙帝认为，我们的传统风俗习惯不能由外国人来改变，用宗教力量来干涉中国人民的传统习惯是绝对不许可的；并答复他们说，你们一定要坚持你们的做法，就不要在中国活动。于是双方谈判最后宣告决裂。从此清政府禁止天主教在中国传布，只许懂得天文历算技术而决定不再回国的人员留在中国。在这次斗争中，清朝的态度是正确的，维护了中国人民的传统；对耶稣会士只利用他们的科学技术，对他们的宗教信仰不提倡也不干涉，但是坚决反对他们参加政权，干预政治，不许可他们强改人民的风俗。为了测绘全国地图，清廷曾命他们到全国各地测量，但是他们偷偷地画了中国的地图送到外国。这件事我们还是吃了亏，泄露了国家机密，受到了一些损失。康熙时，因册立太子的问题，曾引起了一些内部矛盾，有些耶稣会士参与其间，清廷给予了严厉的制裁。

清代中期的政治和经济（1723—1840年）

一、一百一十八年间的概况

清代中期是清代由极盛逐步转入衰落的阶段。局势逐渐沿下降线发展，直到1840年以后，中国一步一步地变成了一个半殖民地半封建的社会。

在这一百一十八年间，我们又可以嘉庆元年（1796年）为界，分为前七十四年（1723—1796年）和后四十五年（1796—1840年）两个段落。

为什么要以1796年作为分界线呢？因为1796年的白莲教起义反映了当时阶级矛盾的尖锐化，清代封建社会从此开始走下坡路。前七十四年总的发展趋势基本上还是上升的，从1796年以后的四十五年，则是逐步下降的。在前七十四年中，又可分为两个时期：从1724年到1760年的前三十七年，是向上发展的。从1760年到1796年的后三十七年，则是在发展中逐渐表现了开始下降的趋势。为什么以乾隆二十五年（1760年）作为分界线呢？因为到了1760年，中国的疆界更加巩固、明确起来，中国的生产力更加充实、发展起来；而1760年以后，由于统治阶级的自满、腐化，奢侈滥用，国力才逐渐露出衰落的趋向。

清代中期大致有以下几个特点：

1. 经济有了进一步的发展，表现在人口的增加，耕地面积的扩大，经济作物品种数量的增多，手工业的发展和人身依附关系的削弱。

2. 在这一时期中，祖国领土疆域确定了，中央政府权力更加强了。

3. 对外关系较前一时期更加复杂。华侨在海外与当地人民共同开发南洋，取得了成就。这种开发，对当地的经济、文化的发展和国际上的交流，是有利的。同时，在这一时期中，中国的海外贸易有了增长，但是中国仍然采取防止西方殖民主义国家入侵的限制政策，这和西方国家窥伺时机、打入中国的意图是针锋相对的。

4. 中国国内各族人民不断地起义，同时还有中原的农民起义。

在这一时期中，还有几个值得注意的问题：

1. 摊丁入亩以后，人民的人身依附关系是否削弱了？生产情绪是否高涨？对整个清代说究竟应该如何估计？所谓“康乾盛世”的一百三十多年的时间（1662—1795年）应该作如何估计？过去的历史学家是估计得很高的，到了后来，又被否定了。现在究竟应该肯定还是否定？对康熙帝、乾隆帝个人所起的作用应该怎样评价？这些都是值得研究的问题。

2. 关于中国资本主义萌芽迟迟发展的原因。在史学界中，一般认为明代中叶以后，即16世纪中叶（1550—1560年），中国封建社会内部，开始有了资本主义萌芽。但是经过了二百多年，资本主义萌芽还在缓慢地发展，这个萌芽到底有多大？和其他国家的历史来比较，应该如何解释？中国资本主义萌芽发展缓慢的原因是什么？具体来说，究竟是哪些东西妨碍了资本主义萌芽的成长？既然中国的资本主义萌芽已经经历了长期的发展，那么，在乾隆时期经济这样高度发展的条件下，中国为什么还没有进入资本主义社会？这些问题我们都还研究得不够。

3. 西方资本主义国家都以掠夺东方各国作为资本原始积累的源泉。谈到资本主义的发生和发展，我们总离不开原始积累，那么，原始积累究竟从何而来？西方国家是靠压迫和剥削亚洲各国起家的，他们把东南亚一带变成自己的殖民地，从那里大量地掠夺财富，作为资本原始积累的源泉。中国的情况恰恰相反。从海外贸易说，中国比西方国家早得多，但是中国不仅没有掠夺别的国家，反而使别的国家通过和我们的贸易往来，获得好处。像郑和下“西洋”，还花出去不少钱，所到之处，送给那些国家许多东西。这个问题是不是值得研究呢？封建国家当然不可避免地要有封建压迫和剥削，但是中国对某些少数民族和对待其他落后国家却没有这样做。这是不是值得研究的问题？

4. 在中国历史上，每当封建王朝最兴盛、最富庶、最发展的时期，往往也是走向没落的开始。例如唐玄宗开元天宝年间（713—755年），是唐代发展的顶点，也是由盛而衰的转折点。宋徽宗时（1101—1125年），国家富庶，经济发达，贵族豪门骄奢淫逸，借运送花石纲，向人民敲诈勒索，当时也是文物书画最发达的时期。但没有几年，就遭到女真入侵，两个皇帝做了俘虏，北宋灭亡。明神宗万历年间（1573—1620年），国力富强，在朝鲜反击日本战役中，中国派兵协助，获得了很大的胜利，但二十年后却很快衰落下去。清代乾隆时也是最富庶的时期，而清代的没落也是从这时开始的。这应该如何解释？历来封建王朝由盛而衰的关键，一般说来，不外是在生产发展的基础上，土地高度集中，皇室贵族骄奢淫逸，挥霍无度，政治腐败，财政虚耗，河患和自然灾害长期不得解决，人民在贪官污吏、豪强地主、高利贷者的重重压迫和剥削下，以及在农村中商业资本的剥削下，贫困破产，流离失所。阶级矛盾日趋尖锐，最后终于激化，不能不爆发为农民大起义；或者外族乘虚而入，使封建王朝的统治发生了危机。清朝的由盛而衰，是不是也存在这些矛盾？如果也存在这些矛盾，那么，它的深度又怎样呢？

5. 清代有所谓“康乾盛世”。康熙、雍正、乾隆三个皇帝本身当然是封建王朝的最高统治者，他们的统治就建筑在对人民的压迫和剥削的基础上，但是在历代帝王当中，他们终属于较好的一类，是三个好皇帝。除了明太祖、明成祖以外，明代还没有什么皇帝可以比得上这三个人。康熙、乾隆两人的统治时期都在六十年以上。雍正死得较早，只活了五十多岁，是中风死去的。他做了十三年皇帝。在这十三年中，每天看的奏折有多少且不说，只是他批的公文就印行了《上谕内阁》一百五十九卷，《朱批谕旨》三百六十卷，都是他亲手批的，没有印行的还有很多。他对自己的职务毫不懈怠，做到了“今日事今日毕”。作为一个封建帝王，能做到这点，是很不容易的。总之，我们应当看到清代以少数民族统治全国的二百多年中，有它的成绩与贡献；当然也有它的压迫与剥

雍正帝

削，而且是残酷的、主要的。对它的功过要全面估计。过去对清史的看法，强调民族观点的多，强调阶级观点的少，只看到满族在统治汉族，这是错误的。

二、实行“摊丁入亩”以后的经济发展

1. “摊丁入亩”以后，中国经济又有进一步的发展，最突出的反映是人口的增加。我们可以举出以下的数字来说明：

公　元	年　代	人口数字	说　明
1685年	康熙二十四年	23，411，448	摊丁入亩以前
1711年	康熙五十年	24，621，324	宣布此后增加人口永不加赋
1734年	雍正十二年	26，417，932	摊丁入亩以后
1764年	乾隆二十九年	205，591，017	
1819年	嘉庆二十四年	301，260，545	
1849年	道光二十九年	412，986，649	进入清代后期

当乾隆十五年（1750年）时，乾隆发现人口册子上数目比康熙时几乎增加了十多倍，他曾指出：人口像这样增长下去，将来怎么办？当然，他并不知道人口的增长究竟出于什么原因，也不知道人的作用。他的人口论是从1710年康熙的意

见来的，还在英人马尔萨斯（1766—1834年）之前。后来洪亮吉的说法又是根据乾隆的。我们现在分析，当时人口增长的原因很多，主要是和实施“摊丁入亩”有关系。明朝调查户口以丁为主，服徭役的人才登记。老百姓为了逃避徭役，常常隐匿人丁不报。例如，一家有五个壮丁已经及龄，可能只报一两个人。在少数民族地区中，只登户数，不登人口。这些制度，清初一直沿袭。“摊丁入亩”以后，人丁税不抽了，劳役负担也免除了，老百姓用不着再隐匿人口了，加之经济的恢复和发展，儿童出生率有了增加；因此人口迅速增长，使“摊丁入亩”以后和以前相差十几倍之多。这是经济发展的必然结果。

2. 耕种面积增加了。在康熙初，耕种面积只有五百三十多万顷。以后逐步增加。到了乾隆初，增加到了七百万顷。乾隆中叶以后还有增加。可以以下列数字来说明：

公　元	年　代	耕地亩数
1662年	康熙元年	5，311，358顷14亩
1685年	康熙二十四年	6，078，430顷1亩
1724年	雍正二年	6，837，914顷27亩
1753年	乾隆十八年	7，081，142顷88亩
1766年	乾隆三十一年	7，807，156顷

乾隆中叶以后，因新垦地少了，不再统计它的增长数字。

3. 手工业技术又有提高。清代中期，手工业分工的发展，人民技艺的精进，都大有提高，与过去不同。乾隆时期，还出现手工业中的混合制造，即合制品。如做瓷器，先用金属做成轮廓，即所谓铜限，然后再加上瓷土烧成。同样，也可做成银限瓷器。漆器也可以做成各种式样，有“木胎”“脱胎”“铜胎”等。瓷器的式样、质地、颜色、花彩品种特别多，技术比过去有很大的进步，具有它的时代特点。瓷器上面的绘画，过去只有青花、三彩，清初出现了五彩，色泽鲜艳。这种绘画先用颜色画在瓷坯上，然后再烧，这是很高的技巧。画的时候是红色，烧出来以后不一定是红色，入窑前的颜色很鲜明，出窑时的颜色就不一样。画家的技艺，就在于能够事先调好颜色的浓淡多少，使它烧出来以后，色泽鲜明，恰到好处。过去瓷器上的画面是平的，清初出现了粉彩。这种瓷器的花纹是凸出来的，有立体感。这是在瓷坯上绘制花纹以前，在颜料中拌上厚厚的粉末，然后绘画入窑，花纹自然突出来了。此外还有珐琅彩。这些都是乾隆时瓷器已经达到了的水平。当然，手工业方面也还有它的局限性，如官手工业与家庭手工业发展不平衡，提高与普及、艺术欣赏与实用没有统一等，这里就不多谈了。

乾隆青花松竹梅纹玉壶春瓶

4. 国家的收入和储备有了增长。在一般的情况下，清代的全国收入每年最多约四千八百多万银两，支出最多约有三千四百多万银两。从清初到鸦片战争前大致差不多在这个数字上下。收支相抵还有一千四百多万上下银两的节余可用于临时支出。当时国家最大的收入是地丁税。其次是地丁附加税，即所谓耗羡，是用以抵补交粮时的雀鼠损耗的。再其次就是盐税、关税。收入中的大项目就是这四项。一般说，地丁约三千万两，耗羡约三百万两，盐税约五百七十多万两，关税约五百四十多万两，加上其他收入总计约四千八百多万两。

支出也有四大项：兵饷、俸廉（即官俸与养廉。清代文武官员的俸银。俸米标准较低。初期官吏多数贪污，雍正时，在官俸外加以津贴，作额外补助，使官吏不要去贪污，所以叫作养廉银）、治河费、驿站费（交通费用）。清代全国各地通道，都铺有石筑驿路，又称官道。在重要的地方还设有驿站，备有房间、马匹，设官管理，以备投递文书的差役和客人投宿与使用，还有驿夫。这是明清两代交通的枢纽。驿站费就是为了养路和支出这一项费用的。

总计支出部分，兵饷约一千七百万两，俸廉约五百四十三万两，治河费约三百八十万两，驿站费约六百万两。加上其他支出，共约三千四百多万两。

以乾隆五十七年（1792年）为例，这一年收入共四千三百五十九万两，支出共三千一百七十七万两，尚存一千一百八十二万两。所以清代历年或多或少都有储存，每年至少总在五百多万两。乾隆末年支出加了兵费二百多万两，每年至少还盈余二百多万两。

清代极盛时库存年年增加。据记载，康熙四十八年（1709年）库存有五千万两，雍正六年（1728年）库存有六千万两，乾隆二十二年（1757年）有七千万两，乾隆四十一年（1776年）有六千多万两。库存达到六七千万两，几乎相当于一年半以上的总收入，可见当时国家的财政是相当富裕的。

三、资本主义萌芽的缓慢发展

这一时期，中国封建社会内部的资本主义萌芽还处在缓慢发展的过程。

这时的情况和前期康熙时差不多：一方面封建社会内部存在着资本主义生产方式的萌芽；另一方面封建经济也在继续发展，资本主义萌芽受到封建主义和其他方面的束缚。清代前期手工业工人已经知道采用“叫歇”手段。“叫歇”或称“齐行”，就是工人为了维护自己的利益而采取罢工手段对手工业作坊主进行斗争。到了清代中期，又出现了官府明令禁止“叫歇”，并且刻成碑文。这说明当时工匠已有了自己的组织，并且能够运用组织进行斗争。但当时的手工业完全在封建的“行”支配之下，各行都有行规，设有行头，行头都是作坊主。工匠们自己的组织反被绝对禁止，以防止工人组织起来与作坊主作斗争。所以一有新苗头出现就被作坊主勾结封建官府压制下去。当时丝织业很发达，机匠很多，但机匠承接织造任务，必须通过机户，而机户不一定都是机匠。只有机户有权承接国家丝织品的织造任务，然后再把任务分配给机匠。有的机户直接掌握了一批机匠，有的机户则是临时招工，这就出现了零工。机户掌握下的机匠，既饱受中间的剥削，而被雇用的临时工人，生活更无保障，因而影响生产情绪。机匠是直接生产者而不能直接承担国家的织造任务。为什么呢？因为政府怕无法控制工匠。还有许多章则，表面上是为了保证工匠永久有工做，实际上是对工匠们加以种种约束。机户名下的机匠规定不能任意更换，表面是固定下来，使工匠不致失业，实际是把机匠牢固地控制在机户之下，失去了自由，不能想做就做，想走就走。机匠工价规定不能变更，名义上不许机户克扣机匠的工资，实际上是把工价冻结了，不能再请增加。清代中期和前期都是这样：手工业始终受着封建主义的压迫。较过去不同的是在乾隆时取消了商业和手工业中的所谓“当官”或“应官”制度。过去官厅里一切供应全由商人和工人承担，新官到任，送往迎来，甚至采办物料、加派散匠，所有需要都由有关行业承应，而且概不给费，有的还勒借民财。这种封建性的剥削规定，经过长期斗争，到乾隆时普遍取消了。这是对封建堡垒打开了一个缺口。总的说来，社会经济中的资本主义萌芽在这时期虽然有所发展，但是，并没有突破旧的生产关系的重重束缚，仍然遭受着封建主义的巨大压力。

四、军机处的设立——清朝在政治上中央集权的加强

军机处的设立，是清初沿袭明朝内阁制以后的一个重大改变——内阁大学士的职权转移到军机处。清初，内阁票拟批答，为承旨立法之府，而有关军国大事，不由阁臣票发的，由选派的满洲贵族议政王大臣会议决定。到了康熙中期以后，议政王大臣都是世袭的贵族，没有实际经验，不熟悉国家大事；而内阁又在太和门外，离街市近，人员又多，往返递奏本章容易泄露机密，于是在隆宗门内设立了军机处。军机处的设立，反映了政权由内阁转移至军机处。军机处开始出现于雍正六年（1729年），到了1730年机构才正式确定。为什么称为军机处呢？因为当时西北发生了军事行动，为了加强对军事消息的保密，于是设立了军机房。成员由内阁中选派，也就是皇帝选拔了几个重要亲信秘书，担任机要工作，称为军机大

臣。原先只管军事，以后逐渐涉及政治大事。从此内阁无权参预国家大事，形同虚设。尽管内阁大学士是最高官吏，如不兼军机大臣，就无实权。议政王大臣也不讨论国家大事了，于是取消了，实权集中到了军机大臣身上。

为什么产生了这样的变化呢？主要是皇帝要加强自己的控制力量。清初，以大学士为最高官吏，一般官吏按照资格要到六七十岁甚至七十岁以上才能升到大学士。他们虽然资格深，经验富，但多半年老了，往往偏于保守，缺乏朝气。封建皇帝为了自己命运，总愿意提拔一批自己亲近的、稍微年富有为的人，作为参谋辅佐，以便可以直接控制，而不愿意找历阶而进的一般官吏。军机处就是基于这种精神而组成的。所以只用亲信，不问出身。明初的内阁大学士也是如此。过去皇帝发布命令要经过内阁，再由内阁分别发出，程序多而慢；如内阁不同意，命令还发不下去。军机处成立以后，命令由皇帝命军机处直接发出，称为廷寄；部院及各地方的公文也直接送到皇帝的手里，称为折本，不再经内阁。于是，大权集中在皇帝身上。所以军机处的设立，反映专制主义中央集权的进一步发展。

这里附带谈一下满汉关系问题。清初，满汉有一定的差别，满族平民要比汉族平民的政治地位高。满人官吏升迁要比汉人快。所以说清代完全没有民族歧视是不合事实的。清廷意识到这一矛盾，并有意掩盖这一矛盾。在官吏的设置上，凡高级官吏都是一满一汉，例如大学士、尚书、侍郎都是这样。有些官职事实上不能两人共管，如各省总督、巡抚，用满人抑用汉人，那就要看皇帝对他们的信任如何。有些规定用满人，如各地将军、内务府大臣，有的规定用汉人，如宗人府府丞。总的说来，在高级官吏中满人要多些。军机大臣是不分满汉员缺的，满汉人员都有。军机大臣同时有几个，而其中有一人职任较重，称为领班（满语达拉密），俗称首枢，就是第一军机大臣。清代设置军机大臣，前后共一百八十三年（从1729年到1911年）。在这一百八十三年中，有二十七人担任过首枢。其中有四个贵族（亲王），任职的年限共五十二年；还有十五个是旗人，任职共九十四年；八个是汉人，任职共三十七年。从这里也可以看出满人政治地位高于汉人。尽管表面上看去好像是满汉平等，骨子里却总是要满足和保证满人在政治上的优越地位，所以我们不能说清代完全没有民族矛盾的存在，但也不能说民族矛盾在整个清朝统治时期占主导地位。1905年同盟会的纲领中有“驱除鞑虏，恢复中华”的口号，这也反映了满汉矛盾是客观存在的，而且有时还表现得相当尖锐。但是，这一纲领从整个来说并不仅仅是要反满，实际上更重要的是反对封建制度，所以也就不能因此说清朝一直是民族矛盾占主导地位。

五、乾隆时期的几次战争和军费问题

乾隆皇帝自称为“十全老人”，又自称有十全武功，这是他在嘉庆元年时自封的，意思是说打了十次仗，十次都打胜了。当然，这些战役不尽是正义的，是不值得自我夸耀的。现在我们只谈这十次用兵的时间和军费：

战　役	公　元	军费银（万两）
准噶尔第一役	1755年	2,311
准噶尔第二役	1756—1758年	
回疆之役	1757—1759年	
大金川之役	1747—1749年	775
小金川之役	1771—1776年	6,370
镇压林爽文起义	1787—1788年	800
缅甸之役	1766—1767年	911
安南之役	1788—1789年	100
廓尔喀第一役	1790年	
廓尔喀第二役	1791—1792年	

乾隆皇帝列举的十次战役实际上是勉强拼凑起来的，记载也时有出入。如准噶尔的两次战役实际上是第一年没有结束，第二年又打。廓尔喀两次战役也是如此。这些战役的性质也不一样。镇压林爽文之役，实际上是镇压台湾农民起义，是极端反动的。对国内外各民族的战争，有的为了国家民族的独立统一，是必要的；有的则是非正义的。无情地反击外国的武力入侵，是绝对必要的，但出兵国外，用大国的武力威胁别国安全，干涉别国政治，如缅甸之役、安南之役，则成为侵略了。至于战争间接所起的作用，也有不同。大小金川之

金川之役

役以后，少数民族与汉族在经济文化上的联系增多了，加速了少数民族经济文化的发展和提高，这是乾隆当时没意识到的。所以十全武功是怎样拼凑起来的，在研究时，我们并不注意这些，而要看它对整个国家民族的长远利益关系如何。关于军费问题，有的战役我们还不清楚它的数字。

嘉庆年间，为了镇压白莲教起义，前后经过了十二年，花去的军费约有银一亿两之多，而且愈到后来，军费开支愈大。如果按年计算，则每年平均军费将近一千万两。军费开支浩大，就更加重人民的负担，人民所受痛苦更深。前面谈过，清代国库收支每年都是有节余的，有时约五百万至一千万两，有时甚至到二千万两，但是不够也不能用来解决这笔庞大的军费开支。这些军费究竟是怎样筹措的呢？清朝政府自己说不曾有过加派，实际上并不如此，它对人民的压榨仍是很重的。直到清末，国家正常赋税未尝增加，也是事实。但不是除了正常赋税之外就没有其他捐税。后期的厘金、膏捐（鸦片烟膏）都是明显的事实。在中期，用来维持军费的主要是靠“捐例”。所谓捐例就是捐官费，捐官就是买官，在朝廷就是卖官鬻爵，从小官到大官都可以用钱来买。京官可捐到郎中，地方官可捐到道台。特别是1801年以后，由于军费开支大，捐官之风更为盛行。我们可举以下的捐官收入来说明：

公　元	年　代	名　称	银（万两）
1801年	嘉庆六年	工赈例	700
1804年	嘉庆九年	衡工例	1,100
1806年	嘉庆十一年	捐输例	200
1808年	嘉庆十三年	土方例	300
1810年	嘉庆十五年	续土方例	359
		川楚善后例	3,000
		豫东例	750

以上数字列于国家正式的额外收入之中，是见诸明文的。

除了捐官以外，乾隆时还有所谓“商捐”，是勒索商店捐献的。商人因为要输捐所以在货物上提高价钱，结果仍然转嫁在人民身上。货物有时加几倍甚至十几倍的价钱，比他们捐献的更多。捐官的钱又是从哪里来的呢？清末，丁宝桢的奏章里曾经提出过这个问题。他说，捐官的人分配到了省里。省里编制上只有几个员额，除去正规升调占去的员额之外，所余无几，而捐官的人太多，轮到补缺做官，至少须等待十年。即使轮上了，最多也不过做一年官。因为还有别人在后面等着。一个人为了捐官，往往倾家荡产，负债累累，他的欠债和后半辈子的生活费用全靠做这一年的官捞回来，因此贪污非常严重。所以，捐例收入依然出在人民身上。

以上说明几次战役的军费负担给人民造成的灾害。但是我们不能只从这一方面着眼，而抹杀历史上有些战争是正义的，是有进步性的，是对后来起了积极作用的。

六、清代中期的对外关系

在对外关系方面，清代中期和前期一样，仍然采取了限制政策。虽然后来海外贸易扩大了，可是还有一定限制。这种限制包括几个方面：船只的进出口都要经过政府的批准，领有执照。在贸易中，船只太大的（五百石以上的大船）不准出口，但是可以进口。禁运军器。大的木材（樟木、樟板）、硝磺（制火药用）、铁货（包括铁锅）过去大量出口，后来被禁止了。粮食不许贩运出口，只许携带船上食用的粮食。出海人数也有限制。经商的人不经请准不许随便出口，并且从来就禁止贩运人口，杜绝把人口贩运出口作为奴隶。因此外国人来中国拐骗人口当奴隶受到了阻碍，于是变相改为招募华工（即所谓“猪仔”）。这是以后的事了。

外国商船到了中国，船上的炮位一律要卸下来交官保存。

带来的货物只许在规定的日期内进行贸易，并且限定一次只来三只船，每船一百人，到北京的不超过二十人。通商口岸只许在江苏、浙江和广东，后来只能在广东，限制很严。货物买卖过去都是中国输出多，他们要用外国货币来买中国货，所以中国沿海很早就通用洋钱。

清代的对外贸易可以分为三个阶段。第一阶段是中国出超。第二阶段是进出口平衡，以货易货，出口货物比第一阶段逐渐减少了。在以货易货之中，物品有限制，硝磺、铜器不能用来交换，绸缎在数量上也有限制。所以清代对外一直是限制贸易。第三阶段则是中国入超。不过这是鸦片战争以后的事了。

当时对外贸易的限制还表现在：外国商船来中国不能直接和中国商人接触，直接发生贸易关系，一定要通过中国商人的组织——中介机构，就是所谓公行，又称洋行、洋商。在鸦片战争以前，洋商和夷商两个名词是有区别的，夷商是指外国商人，洋商是承接对外贸易的中国商人。夷商必须通过公行（洋商），而不能直接进入市场和华商打交道。买卖都如此。公行出现于康熙五十九年（1720年），最初设立时没有限制，1760年时共有十九家，1771年时公行因夷商拖欠先后赔累停业。1782年再度恢复，只有十二家，后来又添了一家，于是限定为十三家，即所谓十三行。因为这十三家专门从事对外贸易，所以又称为十三洋行。他们的业务是办理夷商的货物报关纳税，管理夷商的日常生活，代理夷商接洽收售货物。货物不经由公行不能交换，夷商只是坐候装卸完毕开船离去。这是当时杜绝夷商窥伺活动的一种办法。

外国商人的居住地区也有限制。分国设立商馆，作为外国来华商人临时居住的地方。同国的商人同住一处，如英商住英商商馆。商馆归公行管理，为公行所有，由公行分租给外国商人，约束也很严格。

1759年颁布过所谓“防范夷商规条”，规定外国商人销货后即须回国，禁止住冬；商馆不准交易；公行行商不许拖

广州十三行

欠夷商债务，使夷商有所借口；夷商不许雇用中国仆役，居住地由中国加派兵丁防范。这些条规以后又加改订，限制更严。关于贸易和生活起居都有限制，如禁止外商打听中国行情，夷商不许坐轿，禁止夷商家眷上岸，捐税有一定的规定，等等。1755年因为历年往浙江贸易的外船日多，乾隆决定把浙江定海的税额提高，加以防止，并说，广东从明代以来就是贸易地方，结果出现了澳门，现在定海的夷商日益增多，如果不加限制，将来就会在浙江重新出现一个澳门。这次加税，是使外国商人无利可图，目的不在于增加收入，而在于限制外商，防止重新出现澳门。

外国商人想出种种办法，要打破中国地方官员对他们的限制。1793年、1816年，英国两次派遣使臣来北京交涉。在此以前，还从来没有过外国使臣来北京（帝俄只派过贸易团），这是外国第一次正式派使臣来华，目的是想打破中国对外国贸易的限制。第一次是借给乾隆祝寿的名义，英国派遣马戛尔尼来中国，当时乾隆在热河接见了他们。他们要求扩大贸易至宁波、舟山、天津等港口，要求减税和免税，要求准许英国派遣使臣驻在北京，要求在广州、舟山附近各租借一个小岛收贮货物。乾隆当时全部拒绝了这些要求，说：你们前来朝贡的诚意，我很满意；但是你们提出与中国体制相违的要求，我不能

马戛尔尼

答应。嘉庆二十一年（1816年），英国又派阿美士德来华，还是想要求增加港口，扩大贸易，由于礼节问题，使臣朝见皇帝不肯下跪，清政府对他很不客气，下令驱逐出境。

英使两次来华，都带来许多方物，如望远镜、乐器、灯、毯、猎枪等等，共约二十几种。马戛尔尼带来的礼物，清廷都一一接受，也给了他们许多东西，价值都较他们带来的东西为高。阿美士德因为是被驱逐出境，所以没有接受他们的礼物，也没有给他们回敬什么东西。

英使两次来华的目的都是为了扩大贸易，想比其他国家得到更多的利益。当时中国都未予答应。这样的做法对不对呢？我看，清廷在对外贸易问题上，限制是严了一些，使对外贸易没有得到应有的发展，这是一方面；但是，当时进行一些限制也是必要的，因为中外往来的制度还没有建立起来，如果不加限制，那么对中国是不利的。

七、各族人民的起义

清代中期，各地不断发生多次人民起义，说明了当时社会矛盾的尖锐化。

社会阶级矛盾尖锐化的原因，一方面是几次用兵，大量军费的支出和官吏的贪污枉法；另一方面是皇帝的奢侈浪费。康熙、乾隆前后都有六次南巡。但是他们两人的南巡目的不同。康熙六次南巡的时间是1684年、1689年、1699年、1703年、1705年和1707年。南巡的目的在于了解治河的情况，看看黄河工程，看看运河。特别是后三次，正是康熙治河成功的时期。乾隆六次南巡的时间是1751年、1757年、1762年、1765年、1780年和1784年，一般是到苏州、杭州，目的完全是游逛，而且比康熙的六次花钱多，地方供应更为繁重，耗费巨大。地方官有不少人弄虚作假，甚至在没有麦苗的地方用绿色纸张伪装成麦苗，粉饰太平。这六次南巡进一步促使社会矛盾更加尖锐化。

一般说，清朝中期的人民起义可以分为两类：

第一类是各少数民族的反清斗争。在西南、在大小金川（今四川西北部阿坝藏族自治州）和西北的甘肃等地都发生过起义。回民起义不止一次，苗民起义也不止一次。苗民起义在湖南、四川、贵州先后都爆发过，时间是1735年到1736年和1795年到1806年，西北甘肃回民起义发生的时间有1781年和1784年两次。此外在维吾尔族地区也发生过起义，时间是1757年到1759年。

第二类是秘密结社组织的起义，其中以汉人为主体。如1787年到1788年台湾林爽文领导的天地会起义，包括了高山族和汉族人民。1796年到1804年的白莲教起义遍及四川、湖北、陕西各省，同时还发展到了河南、甘肃，面较广。1813年到1814年的天理教起义爆发于北京，还到达了河南。

这些起义的经过在这里就不谈了。

这些起义爆发的原因有的是由于民族矛盾。如苗民要求清廷照顾本族的传统风俗习惯，不用汉人的礼法制裁苗民，在征收地税上对苗民也应有所不同。最后清统治者作了让步，决定苗民田产按照当地的习惯处理，新开垦的土地也不征税，苗民诉讼或犯罪按照苗民的风俗习惯，不按汉人律例处断。

起义原因更重要的是由于剥削的加重和官吏的贪污暴虐，欺凌农民，霸占土地，诉讼株连。如苗族起义，鲜明地提出“逐客民、复故地”的口号，就是要驱逐潜入苗寨强夺苗民田地的外来地主，并要求归还他们被夺的土田。在这些问题上，由于坚决的武装斗争，后来清政府都作了让步，如查还侵地，民地归民，苗地归苗，尽罢旧设营汛，挑留苗兵驻守，以屯田粮租充饷，宣布官民不得擅入苗寨的禁令，制订了提高当地文化、改革当地陋俗的措施，某些问题才逐步得到局部缓和，但根本上的封建压迫和剥削并没有得到解决。

清朝中叶各族人民武装起义的次数很多，虽然或久或暂地遭到了镇压，但农民在阶级斗争上获得了一定认识，一定经验。前一起义常给后一起义播下了种子，安排了条件。小金川斗争了六年（1771—1776年），湖南、贵州苗族前后就斗争了十二年（1795—1806年），白莲教起义斗争了九年（1796—1804年），到清后期的太平天国就斗争了十五年（1850—1864年），捻军就斗争了十四年（1855—1868年），都说明了这一点。

八、清代中期的新问题

清朝中期出现了新的矛盾，主要发生了以下的新问题：

1. 土地集中的情况与前期有了很大的不同。乾隆时，有人说："近日田之归于富户者，大约十之五六，旧时有田之人，今俱为佃耕之户。"过去有土地的农民现在都下降成为佃户，这是一个很大的变化，是前期所没有的。可见，土地兼并到了乾隆时期又是一个高潮。当然，和前期一样，土地集中并没有出现大规模的生产。但是，占有大量土地的人并不是最有钱的人，这是和过去不同的地方。过去有钱的大官僚都投资到土地上去，成为大的官僚地主，但在清代中期有些官僚却不把钱都投到土地上去了。这是一个特点。

2. 资金的贮藏。清代中期有许多官僚、地主、商人把金银贮藏在家里，而不把它拿到生产与流通过程中去，这对于当时中国停留在封建社会晚期而没有进入资本主义社会有很大关系。这些现金如果作为资本投入工商业，中国也可能提前在那时进入资本主义社会。

这种把大量金银通货贮藏在自己家里的情况，我们可以举几个例子来说明：1781年，大贪污官吏王亶望（曾经做过江苏巡抚，在甘肃布政使任上时贪污搜括很多）抄家时，“得金银逾百万”；1772年，大贪污官吏钱度（做过广东巡抚）曾经写信给他的儿子，指示“复壁藏金，为永久计”，后来抄家时“得窖藏银二万七千，又寄顿金二千”；1795年，满洲贵族伍拉纳（曾任河南巡抚、闽浙总督）因亏空被夺官论罪，抄家时“得银四十万两有奇”，同时被抄的福建巡抚浦霖家里，“得窖藏金七百，银二十八万”；1799年和珅抄家，第一次公布时说，“银两衣服等件逾千万”，“夹壁墙藏金二万六千余两，私库藏金六千余两，地窖内藏埋银两三百余万”。

这种情况说明：当时资金是雄厚的，但是都贮藏在家内，没有拿出来发展生产。也说明：当时正处在社会动荡时期，官僚和富人们已看到买田召佃不如投资工商业和高利贷获利大，但投资到工商业和高利贷去，又怕比买田置产风险多，所以徘徊不定，反把它长期贮藏起来。这正是反映资本主义萌芽、封建主义渐趋没落的过渡时期的思想的特点。而大量金银放在夹壁墙内或埋藏窖内，也正反映当时阶级矛盾的尖锐化。

这个情况到清代后期，由于外国资本主义的侵入，情况又起了很大的变化。

3. 清朝军队腐化，国防废弛。清代中期，八旗军力早已衰颓，常备的绿营军完全丧失了战斗力，变成滑弁游卒。一旦发生战事，都是临时召募乡兵练勇以佐战守。镇压白莲教起义的乡勇是其一例。这是清朝统治机构中隐藏的深刻危机。所以在后期，资本主义国家入侵时，竟致不能抵抗。

4. 治理黄河、运河的问题。康熙对治河非常注意，并且亲自抓治河。过去没有治河经验，他就靠大家出主意，意见不同就讨论，有时向当地老百姓征求意见。康熙治河不光是去掉水害，而且能从水利着眼。在康熙四十年代期间，也就是康熙最后几次南巡的时候，他的治河是成功的。当然，在当时的技术条件下，只作到了把堤身"增高培厚"，使之巩固，河身弯曲的地方"裁弯取直"，或开挖子河而已。

因为康熙注意治河，所以很久没有发生什么水患。在他死后的二十多年间，清朝统治者也还注意到了治河的问题，但是没有像他那样抓得紧。后来的治河，变成了清代官吏贪污中饱私囊的最好机会，治河机关变成了最大的贪污机关。清朝中期以后，黄河经常发生水患，咸丰五年（1855年）黄河决口，改道由山东大清河入海，酿成了很大的灾害。

5. 漕运问题。南漕北运，主要是徭役负担的问题。到了乾隆以后，由运丁运漕的问题解决了，问题在于如何防止沿河官吏兵丁的勒索骚扰和杜绝运船押运官员与运丁的夹私舞弊。运河河窄水浅，为了漕运畅通和防止沿河劫夺漕粮，漕船都在船上雇用了一批打手。打手们横行霸道，欺压人民，于是就和沿河人民发生了矛盾。漕运官丁和地方官丁之间，官丁和沿河人民之间，船帮与船帮之间，都是矛盾重重。这就形成了利害不同的几个集团，不断发生事故。

运河自明以来，分为七段，自北而南分别称为白漕、卫漕、闸漕、河漕、湖漕、江漕、浙漕。白漕利用白河，卫漕导引卫水，闸漕、湖漕分别利用山东、江苏诸湖水，河漕利用黄河，江漕利用长江，浙漕在浙江境内。北京至山东和南部江浙四段运输和工程问题都不太大，问题最大的是利用黄河的一段、利用江苏湖泊的一段和在山东的一段。江漕、浙漕，号称易治，不烦人力。白漕、卫漕只要疏淤塞决就可以运输，所以问题较少。中间三段，闸漕和湖漕，必须宣泄得宜，所以费工很大，而河漕尤其困难。河漕要经过一百八十里的黄河，浪大流疾，最为危险。康熙时，靳辅挖了一条人工运河，即所谓新河。这条河经过黄河的途程较短，使黄河与运河分了家，一百八十里的黄河只剩下百分之二十的途径，从而避开河漕之险，这是清代前期治运最大的贡献之一。到了中期，因为河工废弛，下游经常泛滥，于是清口一地（今江苏清江市）成为治

潞河督运图

河、导淮、济运的中心，靡费之多，施工之频，灾害之大，远远过于清代前期。嘉庆末，运道被淤，新河失去了作用，因此出现了两种意见：一种意见是仍旧利用黄河，所谓借黄济运；另一种意见是利用海运。1826年初次试行海运，不久又停止。到清代后期，1855年由于黄河决口和其他种种原因，漕粮不得不完全改用海运。

6. 盐的问题。清代产盐地区共十一区，由官督商销。国家规定一定的产盐地区供应一定地区的人民食用，这一定的地点称为“盐岸”。盐岸供应的区域限制极严，规定地区的盐不能卖到规定地区以外，例如天津的长芦盐只能卖到河北河南地方，不能乱销。凡承销盐都由户部发给凭照，没有凭照的不许私卖。这种部发凭照称为“引”，有“引”的称为官盐。一包盐一个凭照，有多少包就称多少“引”，每“引”相当二百至二百五十斤。官盐销售时，有规定的地点和准许购买的数量。凭照以外的和没有凭照的盐都称为私盐。私盐是违法的。有些地区人口多，官盐少，如人民确感不便，得到户部的许可，可以由地方盐务机关发给凭照贩盐发售。这种地方发的凭照称为“票”。前一阶段只有“岸”和“引”，后来才引票并行，有“岸”有“引”还有“票”。“票”没有固定行销区域，这就使各地的票盐和引盐发生矛盾。有些地方买不到盐，只能吃无“引”无“票”的私盐，于是有“引”有“票”的盐商失利，而官盐和私盐发生矛盾。所以清代盐务也是矛盾重重的。嘉庆以前“引”多于“票”，嘉庆以后“票”多于“引”。道光十一年（1831年）全改票盐，停止了引岸。这是一个很大的改变，它说明了地方权限与中央权限的消长趋势。到1840年以后，封建专制主义中央集权的力量更加削弱了。

盐商销盐各有专卖区域，称为“引地”，是包销性质，先交巨额费用，领引承销，然后发交散商，按年完课。他们都是世袭的，所以称为“引窝”。当时巡盐御史驻扬州，所有大盐商也都住扬州。乾隆时骄奢淫佚，贪污腐化，达于极点。停引改票以后，旧日盐商都失了业。过去最为繁荣的扬州经济从此也逐渐衰落下来。

7. 银贵钱贱问题。清代货币的流通，大宗用银两，小宗用制钱。银和钱都为政府所掌握。制钱主要是在社会低层流通；银两可以切开零用，也可将零碎银子熔成大锭。康熙四十一年（1702年）规定制钱一千作银一两，但事实上银价时有上下。到了嘉庆九年（1804年）发生了所谓钱贵银贱的问题，而道光八年（1828年）又发生了所谓银贵钱贱的问题，财政上造成了极大的混乱。道光初年清政府曾经考虑过恢复一两银等于一千钱的规定，但是维持不了。这时又由于鸦片烟大量入口，中国对外贸易进入了入超阶段，造成中国的白银外流，损失很大。白银大量外流的另一原因，是有些外国商人专门套取中国的白银。外国银元一个只重七钱二分，当时作价总在八钱，其中纯银仅六钱四分，而中国通用的白银是纹银铸锭，成色极高，称为“元宝”“宝银”，又称马蹄银。这种用银元套取中国的白银，可以从中牟利，因而助长了白银外流。白银大量外流，使银贵钱贱更成为不可遏制的趋势。到了后期，1854年，已成为制钱一千六百文作银一两了。

8. 鸦片烟的问题。鸦片入中国，最初当作药材，后来才有吸食。中国自己种鸦片大概在嘉庆年间，但主要是从外国输入。进口越来越多，于是清代中期出现所谓鸦片烟问题。这是中国近代史的开端，在近代史有详尽的叙述，这里就不谈了。

综上所述，由于土地的集中，资金的贮藏，国防、河工、漕运、盐法、白银外流和鸦片烟等种种问题，使清代社会经济受到很大的危害。到了1840年，和英国殖民主义者一战，缔结了《南京条约》，中国就一步步地陷入半殖民地半封建社会的境地。

这些情况、这些问题是在清代中期暴露出来的，而不是在中期开始发生的。它的出现，是清代前期社会矛盾发展的结果，而它的结果又将暴露在清代后期。历史总是延续的、发展的，不能割断开来。

鸦片战争前的清代文化

一、哲学思想

1. 反封建思想的成长。反封建思想的成长是清代文化的一个特点，也是清代文化的主流。在这一时期出现的反封建思想有唯物主义思想。当然，中国哲学史上早就存在唯物主义的传统，但是清代的唯物主义思想比过去时代的更为显著，这是清代文化上非常重要的一点。

由于明末阶级矛盾的尖锐化；资本主义萌芽的出现，特别是江南城乡经济有了显著的发展，而北方却相对地停滞或遭到破坏，发展不平衡；明末官吏贪污腐化，政治、军事腐败，汉族政权因而崩溃，引起了清军入关；加以不少西洋耶稣会士把科学技术带到中国：这就造成清初思想方面的巨大变化。

明末的学术思想和风气，当然对清代学术思想有不少影响，但同时也是清代学者的批判对象。好的继承下来，坏的批判了，并且突破了前人的束缚，从实践中开辟了新道路。虽然还存在着时代局限，但和清代以前是有所不同了。明初，南宋朱熹的思想占统治地位；中叶以后，就出现了王阳明的学说。朱熹的世界观是客观唯心主义。他的许多论点，是维护封建统治、封建道德的，是完全符合封建统治阶级永恒利益的。因此，每当一个王朝开始恢复生产、建立封建秩序的时期，常常加以崇奉提倡。元世祖（1260—1294年）、明太祖（1368—1398年）、清圣祖（1662—1722年）的提倡朱学，都是明显的例子。一旦社会经济发生变化，生产资料占有形态发生变化，土地兼并逐渐扩大，而所谓永恒不变的“理”，也就会发生动摇，从而哲学思想也会发生相应变化。明代中叶出现了主观唯心主义的王阳明学派，正由于此。王学的出现，也是解除传统的朱学束缚的要求的满足。

王学一出现，就分化为对立的支派。有的向左，有的向右。有的发展了王学的积极方面，有的发展了王学的消极方面。向左的，向积极方面的，发展到明末，就形成东林学派。东林学派对清初思想是有直接影响的。

王学是由反朱学而出现的，所以具有解除传统束缚的精神。这种精神到清初更得到发展，所以整个清代的学术思想常能突破前人的窠臼，自己有所创造改革。清代的反封建思想、民主思想、唯物思想、“习事见理”“经世致用”思想、反理学思想，以及经学、史学、音韵、训诂、地理、水利、天文、历算、医药、农学等等的研究成果，都是清代以前的学者所没有达到的。

明末政治黑暗腐败，东林学派和其他士大夫在参加实际政治斗争中，遭到迫害，表现出刚强不屈的气节。这一切都对清初思想有很大影响。清初的“为天下之大害者君而已矣”（黄宗羲）、“自秦汉以来凡为帝王者皆贼也”（唐甄）的大胆的反对封建帝王的议论，正是它的反映。东林学派倡导的砥砺名节，还没有跳出封建礼教纲常的圈子，而清初则把它提到民族意识方面。清军入关后，民族矛盾成为主要矛盾，当时的士大夫有的抗敌死节（如史可法、瞿式耜），有的起兵遇害（如阎应元、金声），有的悲愤自杀（如刘宗周、祁彪佳），有的逃避做和尚（如熊开元、杨永言），有的终身不做官不应试不和清朝合作（如黄宗羲、顾炎武），这些行动的意义和所起的作用，和东林又各自不同。当然，这在当时地主阶级士大夫中还是少数，多数是投降清朝的，甚至号称东林的钱谦益也投降了。但是这些人虽是少数，而他们和抗清最坚决、作战最英勇、牺牲最壮烈的广大劳动人民所表现的道义气节是一致的。

他们各人情况不同，条件不同，所以表现出来的实际行动也不同，而砥砺名节没有屈辱投降是相同的。这里应该根据实际情况具体分析，不必强为区别比较。至于离开事实的揣测附会，虽属出于善意，也不应该。

明末王学出现了心学支派。清初学者认为他们把儒家思想和禅机黄老杂糅在一起，高谈阔论，不切实际。在学术风气上，清初学者还认为明末流于空疏，一些文人学士由于急于求名，喜好刻书、著书，而又视成书太易，有的臆改古书，有的甚至剽窃前人著作。所以这些学术思想和学术风气，到清初不但没有再得传布，而且成为学者们严厉批判的对象。颜元说，“异端之学空谈心性，而圣贤之学则事事征诸实用”；顾炎武说，“得明人书百卷，不如得宋人书一卷”。可以看出他们的厌恶、鄙夷的心情。

明末耶稣会士到中国，想利用西洋科学传布天主教，而中国人民只重视他们的科学。当时中国之所以吸收外来的科学，当然和资本主义萌芽有关，和明中叶解除思想束缚有关。西方科学东来，中国不是只接受西方的，同时还发掘和整理了中国固有的。这在清代以算学最为明显。康熙时西法算学盛行，而钻研古法古术加以阐明的有梅文鼎（1633—1721年，时称勿庵算学），比较中西取长补短的有王锡阐（1628—1682年，时称晓庵算学）。乾嘉以后学者如钱大昕、李锐、罗士琳也都是兼综中西的。鸦片战争后有李善兰，更有名。当然也有专宗西法（江永、戴震）和专宗中法的（孔广森、程瑶田）。

总之，清初思想是由于生产发展的结果，由于当时政治局势演变的结果，由于过去思想影响的结果。思想家们要求实际行动，不要空谈，要求把思想、理论付诸实践，获得实际效果，于是出现了反封建思想，出现了民主思想，出现了民族的反满思想，出现了唯物主义思想。这种民族的民主的唯物主义思想的出现是清初思想的主流，当然，它还不是完整的纯粹的唯物主义，在许多著作中时常夹杂着唯心主义思想，我们不能够也不应该把它绝对化，而要看它的主要方面。

下面就谈一谈清初新思想的主流及其代表人物。

2. 清初思想的主流。在清初，有几个很大的思想家，这就是黄宗羲、顾炎武和王夫之等人。清代后来的学术思想的发展，受到了他们的影响。

（1）黄宗羲（1610—1695年），号梨洲，浙江余姚人。他在清兵入关时已经三十五岁，死于康熙三十四年，年八十五岁。

他富于民主思想，主要的著作有《明夷待访录》。所谓“明夷”是《易经》中的一个卦名，意思是“明入地中”，象征着太阳落山的黄昏时刻。当太阳落山时，在大地上已经看不见太阳了，但是在西方却满天红云，光芒犹在，而且第二天太阳还要出来。他用明夷的意思是暗指明朝虽已死亡，但是它的典章制度依然留存下来，盛衰利弊还可以研究，何况它还有复兴的可能呢？历来以“明夷”代表一个人的

黄宗羲

不得意，黄宗羲这里还双关地影射到封建王朝。同时，用“明夷”也可代表一个不得意的人的思想，但又暗示着他的学说还是有用。“待访录”是表明不进行自我宣扬，要等待人们来访问。他的这部书实在是明朝历史经验的总结。全书二十一篇，其中十六篇明白提出“有明”“高皇帝”“万历”“崇祯”等具体事实，加以评论，然后提出自己的改革意见，所以又是一部他个人的政治思想论集。

在这部著作中，有许多论点是与传统思想不同的。他在关于论皇帝的《原君篇》中说，一个皇帝当他得了天下之后，就敲剥天下人民的骨髓，离散天下人民的子女，来供自己一个人的淫乐，并且认为是当然的。这种思想很大胆，这是对封建制度的控诉。他又说，皇帝认为是的未必真是，皇帝认为非的未必真非，必须大家公议（《学校篇》）。这也是大胆的主张。这种反对封建、提倡民主的思想因素，是极可贵的，在当时是极进步的。但是他虽对皇帝大力抨击，而仍认为皇帝是治天下的，一个人治不了再设官，章奏由皇帝批红，批不完的由宰相批（《置相篇》）。他主张公天下是非于学校（《学校篇》），认为学校不应该是单纯的教学机关，也应该是舆论机关，以监督国家政权。他还认为学校的学官不能由官厅派，而应该选举。但是他所认定的学校成员，学官是名儒，是老儒，是“自布衣以至宰相之谢事者”，而诸生是裹粮从学的生童，是士人，是缙绅，还有“天子之子”“大臣之子”，显然都是地主阶级而没有农民。今天看来还是有一定局限性的。

他是浙江人，本身是地主，生长在南方经济发展的城市。那里资本主义萌芽出现也较早，这是他思想产生的原因之一。当然，他的民主思想还不能与资本主义反封建的思想等量齐观，但是已经是这种思想的萌芽。促使黄宗羲产生民主思想的另一原因是明末的政治腐败。他的父亲是被阉党杀害的，他对宦官专政不满，因而出现民主思想。

他的哲学思想渊源于王守仁的阳明学派。他是刘宗周的学生，刘氏时称蕺山学派，属王学。刘和黄宗羲的父亲都是接近东林的。

在南明政权成立时，他在浙江的鲁王部下，政治上是反清的。当时鲁王到处找人支援，并派人到过日本，其中一人就是黄宗羲。他三十五岁时，清军入关，在清朝统治时期活了五十二年。因为他很负盛名，清朝政府想找他出来做官，他拒绝了，清朝征博学鸿儒，他也拒绝了，具有道义气节，在当时影响很大。

他写的关于明朝历史的书籍很多，有《明史案》二百二十四卷，其实就是明朝的历史。他对于明史有自己的看法，都在明史案中提出，还加了他个人对明代政治的批评意见。目前流传的《明史》虽然是雍正、乾隆时期完成的，但最初的稿本就有他的学生写的，其中很多地方都采用了他的意见。他又为许多哲学家、学术家作了传记，编成《明儒学案》六十二卷。其中包括了各派哲学家的学术思想和主张，对于某一问题的看法，怎样解决了一些学术问题。这是中国第一部最大的哲学史。他又把明代文人的文章汇集在一起编成了《明文海》四百八十卷。

《明史案》虽然全书已佚，只留下了三卷，但是从中还可以看出他教给后人如何研究历史，如何做学问的方法。他指出，要研究一个时代首先要把大事搞清楚，对于这些事件的成功和失败，人民和统治者对这些事件的看法，都应该了解清楚；对于历史事件最好能够有自己的看法，最低限度也要了解别人的看法。这一时代有哪些主要人物，他们的主张如何，有多少史料记载，人、材料、意见，这几方面都要搞清楚。清朝有许多人就是根据他的这种方法从事研究的。《明文海》收集了许多材料，其中包括了人物传记和明代的大事，为编纂明代文学史做了准备工作。

除了史学以外，他还懂得科学技术，懂得天文历法，他的著作中有关于历算的书。

黄宗羲具有民族、民主思想，实事求是的精神，还有唯物主义思想的成分，他是清初的著名哲学家。当时许多人的政治主张受到他的影响，如陈确、唐甄，他们在政治上看法和他一样，都反对封建制度。所以我们认为这是当时哲学思想的主流。

（2）顾炎武（1613—1682年），字宁人，学者称为亭林先生，江苏昆山人。他和黄宗羲处于同样的环境。清入关时他已三十二岁。南明福王、唐王都找过他，他参加过1645年昆山的反清斗争，失败后，终身以明遗民自守。1650年以后不能安居家乡，1657年以后往来于山东、北京、河北、山西、陕西之间。所以他和沿海的反清力量没有取得联系，1659年郑成功打到南京，他正在北方。清朝也几次找他，他更没有理会。他的三个外甥都做过清朝高官，而且得到康熙帝的信任，找他，他也拒绝了。满洲入关后，许多地主投降清朝，而他始终不动摇，具有民族思想色彩。他虽然出身于没落的地主家庭，但是反对封建统治，他认为天下不能由皇帝一人来“独治”，而主张“众治”，具有民主思想的色彩。他很善经营，当时东南已出现了资本主义萌芽，他到北方之后，把东南的新兴东西带到北方，“所至每小试之，垦田度地，累致千金，故随寓即饶足”。

顾炎武

在学术上，他也是反对清朝、反对封建的。他提出：“博学于文，行己有耻。”“文”是指文献，博学于文不是从故纸堆中找文献，而是要研究要了解与国计民生有关的天下大事。他认为，一个人应该有气节，有廉耻，也就是有理想，没有气节没有廉耻没有理想的人，念多少书也没有用。要多念书，更要有气节，要有崇高的理想。他认为“一事不知儒者之耻”，国家大事都应该知道，而且不能脱离实践，所以主张经世致用。一个人要立经世之志，留心经世之学，做经世之文、经世之书。

明末士大夫识见空疏，好发议论而昧于天下形势。顾炎武要扭转风气，从1639年（二十七岁）就开始纂辑《天下郡国利病书》。他“历览二十一史，以及天下郡县志书、一代名公文集，兼及章奏文册之类，有得即录”，他按两直十三布政司分府县辑录，1662年写成长编初稿。他认为天下郡国、山川、物产、风俗习惯都应该知道，并且要知道它的利病，这样才能经世致用。所以他书中重点特别放在兵防、赋役和水利几方面。这部书没有正式完成，比较零散，但是其中有许多材料是别人所没有注意的。它不是一部地理书，实际上是一部历史书。他反映了明末苏松四府的赋役更重于前，只辽饷每年加了二十一万多两；他反映了明末勾军的骚扰，“一丁起解”，“一家之人肝脑涂地矣”（破产）；他反映了晚明浙江海盐县的盐银，“出民田包补十七八”；他反映了明末的边防、海防；他反映了淮徐的漕河、漕船。他把当时存在的实际情况，一一反映出来，目的在于经世致用。这是唯物的，是和当时风气针对的，所以影响很大。他的方法是从实际中一点一点地去收集材料，把各方面的材料收集之后，分门别类加以整理比较。他的收集不是只收集前人的东西，而是更注意今人的东西，并且是从各方面广泛地收集。

他的另一部最著名的著作是《日知录》，这是他一生研究经学史学的结晶。他总是探源竟委，相互证明，而且不断地深入钻研，随时修改，不轻下结论，也不轻信古人。他主张“读九经自考文始，考文自知音始，以至诸子百家之书，亦莫不然”。他这种谨严的态度，实事求是的精神，从文字音韵入手钻研学问的途径，传到后来，就发展成清代的考据学派，所以清代中期的所谓乾嘉学派总推顾炎武为开山的大师。但是顾炎武的学术思想和他们并不完全相同，顾炎武治学有考证，但他是博采异说相互比证，来推求真实可信的说法；而乾嘉学者就成为繁琐罗列了。顾炎武研究古籍从文字入手，是为了知道古人文章的本字本义，而乾嘉学者就不免琐碎枝节了。至于顾炎武的经世致用的政治目的，直到嘉道（1796—1850年）以后，才为学者所重视，成为清代后期学术思想的主流。

（3）王夫之（1619—1692年），字而农，湖南衡阳人，学者称船山先生。清军入关（1644年）年二十六，1647年举兵抗清，后参加南明桂王政权，失败后隐匿湘西山区。著有《张子正蒙注》《噩梦》《黄书》《搔首问》《读通鉴论》《宋论》等。

在清初三大思想家中，王夫之的战斗精神最为强烈，唯物主义精神也最强。他反对民族压迫，反道学。他始终坚决反清，但是他不是无前提无选择的。大汉奸吴三桂发动三藩之乱来反清搞分裂，以衡阳为根据，几次找他，而他逃入深山，没

王夫之

有参加。这说明他还是一个爱国主义者。这一点，在清初顾炎武、黄宗羲等都一样。

关于对气、质、理的解释，唯心主义者把问题弄得很玄妙，认为物质是第二性的，王夫之非常反对这种说法。他反复论证气是质的客观存在，理是气的内在规律，离开气就没有理，所以，他说“气者理之依也”（《思问录·内篇》），又说“理在气中，气无非理”（《张子正蒙注》一）。他认为以气作为抽象的定义是靠不住的，气就是物质。他反对“气外求理”，认为这样就会陷于“邪说”。在他的哲学著作中，有所谓“器外无道”，就是说具体的事物之外没有抽象的理论。同时他认为道也不是永恒不变的，而是随着时代发展变化的。他的唯物主义思想在这里表现得非常突出。

他的学术思想渊源于汉代王充，接近于宋代张载，而不完全一样。他反对高谈性命，力辟王阳明的致良知之说，也不同意朱熹的许多意见，所以他是反对理学的。

他在治学方法上是主张学与思兼用的。他主张“学则不恃己之聪明而一唯先觉之是效，思则不徇古人之陈迹而任吾警悟之灵”（《四书训义》六）。他反对“信古已过而自信轻”，也反对“信心（自己主观）已甚而信古轻”（同上）。他认为“学非有碍于思，而学愈博则思愈远；思正有功于学，而思之困则学必勤”（向上）。这是一种进步的治学方法，是和宋明理学家不同的。

他以这种思想方法来研究历史、评论历史，著有《读通鉴论》《宋论》。他在《读通鉴论》中批判历代制度，评价历史人物，提出了反封建的论点，树立了“为天下计利害”的标准。因为《通鉴》没有宋代的史实，所以又写有《宋论》。这两部书是根据他的思想方法研究问题进一步发展的成果。特别是在《宋论》中，包含着他个人的身世问题，他拿宋代的史实来影射明朝，对于明朝表示惋惜，认为明朝亡于大臣手中。他痛恨明朝末期的政治黑暗腐朽。这两部论著都是力图从历史发展过程中寻找客观规律，对于历史问题看得很清楚，思想方法对头。这些都是他的著名的著作。

有一点不能不指出，王夫之是反对农民起义的，张献忠几次找他，而他不肯合作，这是阶级的局限。

3. 主张实践的哲学思想。颜李学派的颜元（1635—1704年）、李塨（1659—1733年）主张实践，都有唯物主义思想。他们认为离开事物就没有学问，要有学问必须实习。颜元又名习斋，意思也是离开实习就没有学问。他们主张自己种地，认为种地就是学问，主张参加劳动，认为离开事物就说不上道理，道理是通过实践得来的。王阳明主张知行合一，认为良知就是知，致良知就是行，这就是知行合一，结果变成知而不行。颜李学派就强调行，说知而不行等于不知，反对王阳明知而不行的学说。

他们强调功利，认为做事要有实际效果，要起作用，只有坏的功利思想不行，而没有功利也不行。

另一派学者叫李颙（1627—1705年。清代讳“颙”，所以许多书写作李容），字中孚，号二曲，陕西盩厔（周至）人。他坚苦力学，没有师承，所以不恃门户之见。他主张“明体适用”“反身实践”，重视实学实用。山西的傅山（1607—1684年），字青主，太原人，也主张实学，主张经世致用。他认为著述必须有“一副坚真雄迈的心力”，必须“闭户十年读经史”。李颙和傅山以及浙江的吕留良（1629—1683年）都具有民主思想，反对民族压迫，清军入关后，坚决不与清政府合作，不妥协。康熙几次征聘他们，吕留良做了和尚，傅山做了道士，李颙誓死不出。到了康熙四十二年（1703年），清军入关已六十年了，康熙到西安，想见李颙一面，他还是不去见。康熙对李颙的儿子说：“你的父亲可以算是完节了。”他们都不说空话，讲究实际，他们的影响当然不能与黄宗羲等大思想家相比，但是在当时也起了一定的作用。应该指出，他们的民族民主思想是有时代局限的，并非近代的民主思想。清朝统治者虽然没有迫害他们，但是也没有提倡他们的学说。

4. 统治阶级提倡的朱学。清初，为统治阶级所提倡的是程朱学派思想。它的代表有应㧑谦（1619—1687年）、汤斌（1627—1687年）、陆陇其（1630—1692年）、熊赐履（1635—1709年）、李光地（1642—1718年）、王懋竑（1667—1740年）。他们都讲朱熹之学，统治阶级也提倡这一套。所以这些人有的做了清朝的高官。他们的特点在于把朱学也见诸实践。汤斌、陆陇其是当时最有名的所谓清官。应㧑谦、王懋竑都主张身体力行。熊赐履、李光地则又不同，是伪道学，他们都是大学士，实际上学术造诣不深，是以朱学为手段希望得到皇帝的恩宠。

清初也有讲王学的，如孙奇逢（1584—1675年）、黄宗羲、李颙都是，汤斌也是从王学转入朱学的。在朱学盛行之后，也有崇尚王学的，如康熙时江苏的彭定求（1645—1719年）、道咸时江西的吴家宾（1803—1864年）。清代学者调停于朱学与王学之间的较多，如江苏顾栋高（1679—1759年）、山东范明征。

5. 中期的戴震。戴震（1723—1777年），字东原，安徽休宁人。他的思想学说可以代表中期思想的主流。他认为在整个宇宙中存在着阴阳五行，“阴阳五行，道之实体”（《孟子字义疏证》中），“举其实体实物而道自见”（同上书下）。他认为阴阳五行是生生不息运动着，而且有一定的规律。他对于宇宙的看法是“有物有则”，“未有生生（运动）而不条理者”，也可以说是承认有客观规律。宇宙是可知的，他承认有必然性。他说：“实体实物，罔非自然，而归于必然。”他的思想是进步的，影响很大。他的这种思想用在做学问上就主张专精。只有专精，再加上细，就不致流于粗泛。他认为在做学问上泛和粗都不会有好结果，不经过认真钻研就随便下结论，这就是浮泛。清代考据学派在顾炎武以后首推戴东原。

但是专精也有流弊，这就是容易埋头于故纸堆中脱离实际。清代后期学术不发达，专门钻牛角尖，这和他的影响有关。当然，也和当时的客观环境有关，因为清代搞了几起文字狱，许多学者受到了迫害，为了避免祸害，就宁可关起门来钻牛角尖了。

戴东原的主要思想反映在《孟子字义疏证》一书中，这部书是专门解释《孟子》的，在许多术语的解释中反映了他的哲学思想体系；他的著作很多，学问很扎实。

我们已经看到：清初和中期因为反对唯心主义传统而出现了新的思想因素，治学方法也有所不同，反映在做学问上，就出现了考据学派。

二、考据

考据学派即清代所谓汉学，又称朴学，提倡汉代人对古籍的解释，把这种方法用来做学问，对每一个东西的解释都要弄清楚，找出线索。他们反对宋学，反对宋人专门讲道理，不问实际。对于文字训诂、三礼名物，宋儒不甚讲求，汉儒却区别分明，毫不含混。古籍记述不清，就要考据。所以当时称为汉学。后来有人攻击汉学支离破碎，著名学者程廷祚（1691—1767年）也说“墨守宋学已非，墨守汉学尤非”，于是汉学的名字成了口实。而且汉儒有西汉东汉之分，有贾谊、董仲舒、刘向、刘歆、王充、仲长统等不同学派，而清代考据学派只尊崇东汉许慎、郑玄，不能泛称汉学。因此汉学就改称朴学。意思是有根有据，朴朴实实，反对空虚、浮夸。社会上之所以有人反对他们，是因为他们脱离实际。汉学本身虽然有发展，但的确是越来越繁琐，越支离破碎，脱离实际。

他们认为做学问首先应该从文字开始。要懂得字形、字音、字义，这才能正确也懂得内容。考据学的基本功就是文字学。清代关于《说文》《尔雅》《广雅》以及古韵的研究成果最突出，远远超过前代。最著名的有段玉裁《说文解字注》，王筠《说文释例》与《说文句读》，姚文田、严可均《说文校议》，姚文田《说文解字考异》，严可均《说文翼》，郝懿行《尔雅义疏》，王念孙《广雅疏证》，戴震《方言疏证》，以及江永《古韵标准》，戴震《声韵考》与《声类表》，段玉裁《六书音韵表》，钱大昕《声类》等。

中国最早的学问是经书。在考据学派看来，经学是做学问最基本的，所以清代的经学很发达，前人没有做的工作，没有注意的方面，没有提出的问题，他们做了。

古人的著作很多，这就提出了一个问题：古人的研究成果我们究竟如何接受呢？古人的书有的刻过，有的没有刻。古书的内容有同的有不同的。于是又出现了目录版本之学。例如关于易经、书经，古人有些什么著作，他们的观点有什么不同，必须要知道目录学。这一书有几种版本，各版本有什么不同，这就必须要研究版本学。书中既有异同的地方，古书又有散失的，全需要研究，于是又出现了校勘辑佚之学。这些方面清代也比前代发达可信，有很多专门家。目录学有朱彝尊、姚际恒，版本学有黄丕烈、顾广圻，校勘学有何焯、卢文弨，辑佚有马国翰、黄奭，都是从考据学发展起来的。

清初顾、黄诸家的思想方法已开辟考据的门径，而胡渭、阎若璩诸家的著作更树立了考据的范例。但是考据学派的形成则在乾隆时，而没落于嘉庆后。所以考据学派又称乾嘉学派。讲考据的人看不起高谈性命的理学和专做八股的科甲，而科甲中人又看不起考据学家没有“功名”，于是在乾隆中发生一次大争辩。代表考据派的戴震认为“圣人之道，必由典制名物得之”，此外都属空谈。反对考据的钱载（浙江著名诗人）认为考据是“破碎大道”，无补于学术。双方争论激烈，于是考据与反考据两派的分野愈益分明。经过争论以后，考据学派有的更加坚定，更加钻牛角尖；有的提出考证、义理、文章三者的统一，成了考据的别派。考据别派主张，讲考据要兼采义理（学术理论），要有材料，还要有辞章修养，而义理不要分汉、宋，都应兼采。这种主张导源于黄宗羲，以后有方苞、顾栋高、全祖望、江永、翁方纲，到了姚鼐便把它明白提出来，嘉道时的钱仪吉也属于同样主张的学者。

考据学派的兴起，是阶级矛盾逐步尖锐的反映。当生产发展以后，土地兼并逐渐加剧，剥削逐渐残酷，阶级斗争自然越来越广泛，而封建统治也就更加黑暗。统治阶级中一部分比较开明的士大夫，他们不敢做贪官暴吏，又不敢公开起来反对，也不敢用文字托言讽刺陷入文字狱，所以就逃避到故纸堆中埋头做考据。钻研得越深，也就逃避得越远。前人以为考据之兴是升平气象，那是不正确的。至于清代的文字狱，也是阶级斗争而不是民族斗争。

三、史学

史学在清代也很发达，研究的人很多，面也广，书也出了不少；但是就没有出现一部超过《资治通鉴》的大著作，也没有创造出像宋人的“纪事本末”和“会要”的新体裁，所以似乎比宋代差。但是清代史学有它的特点。

清代修《明史》，收集了丰富确实的材料，再加上《明实录》和档案，先写成《明史》初稿，再经过几十年的讨论修改才定下来，因此它比过去的正史要好。不但比宋、辽、金、元四史好，就是宋代修的《新唐书》《新五代史》和它比较起来，《明史》的价值还要高些。中国旧的纪传体史书中，《明史》是较好的一部，只有前四史、《晋书》《隋书》价值较《明史》高些。

编年史有毕沅的《续资治通鉴》，远不如《资治通鉴》，可是也有它一定的成绩。夏燮的《明通鉴》也用了不少的功。

纪事本末有谷应泰的《明史纪事本末》，当然观点有问题，但也是有名的著作。

魏源的《圣武记》也是比较好的书。有他自己的看法。

此外，对历代史书的注释方面有梁玉绳的《史记志疑》，钱坫的《补史记注》，王先谦的《汉书补注》《后汉书集解》，惠栋的《后汉书补注》，赵一清的《三国志注补》，梁章钜的《三国志旁证》，吴士鉴的《晋书斠注》，彭元瑞的《新五代史补注》，等等，至于关于地理、天文、兵、刑、经籍各方面的单独研究更多。

历史著作中还有作比较研究的。马骕的《绎史》用古籍各方面的材料来证明中国古代的历史，尤其是中国原始社会和奴隶社会这两段的历史。严衍有《资治通鉴补》，将历史中的材料都摊出来，看司马光的《资治通鉴》把哪些材料删了，哪些材料弄错了。沈炳震有《新旧唐书合钞》，赵绍祖有《新旧唐书互证》，是将两书并列对比，看它们的异同。这些著作对史学研究是有帮助的。

还有考史，如钱大昕的《廿二史考异》、王鸣盛的《十七史商榷》、赵翼的《廿二史劄记》、全祖望的《经史答问》、杭世骏的《诸史然疑》、洪亮吉的《四史发伏》、洪颐烜的《诸史考异》。钱大昕精于历算，王鸣盛长于职官、地理，赵翼对于二十二史整个书的好坏综合进行评论，全祖望、杭世骏的书只是提出了问题。

钱大昕

还有在对历史上的问题从怀疑而进行研究的，如崔述的《考信录》，所谓“尽信书则不如无书”，要考了以后再信，所以称为“考信录”。论列的都是先秦古代史的问题。

论研究历史方法的有章学诚的《文史通义》，其中有关于论史、论文章、论治学方法等问题。

关于地理之学，清朝也是很注意的。如顾炎武的《天下郡国利病书》，顾祖禹的《读史方舆纪要》，还有官修的《大清一统志》等。此外还有全祖望、赵一清、戴震、张匡学、孔继涵、杨守敬等的对《水经注》的研究，以及康熙、乾隆时的测绘地图，杨守敬的历代舆地图，都是重要的。杨守敬已在鸦片战争后，附列于此。

从上面可以看出，清代史学是有成就的，是和其他学术一样有发展的。不仅如此，它还有突出前代的贡献。首先是史论。从《明史案》《日知录》和《读通鉴论》开始，就是总结历史经验为当时政治服务的，目的非常鲜明而正确。中期以后，还有祁韵士的《己庚编》、包世臣的《中衢一勺》等等，惜乎不太多。其次是边疆史地。过去历史着重政治，着重中央，而对边疆落后地区的经济、文化注意得少。清代从西北史地开始，有刘统勋《西域图志》、松筠《新疆识略》、苏尔绰《新疆回部志》、祁韵士《皇朝藩部要略》、张穆《蒙古游牧记》、何秋涛《朔方备乘》（张、何死于鸦片战争后）、佚名《卫藏通志》、严如熤《三省边防备鉴》等，都是前代所无而关系到现实政治的。其三是南明史。历代王朝更替，历史家只注意胜利者方面，而清代对南明史研究很突出，有温睿临的《南疆绎史》，邵廷采的《东南纪事》《西南纪事》，计六奇的《明季北略》《明季南略》，徐鼒的《小腆纪年》《小腆纪传》，还有《明季稗史》十六种，《荆驼逸史》五十一种。其四是元史蒙古史。编纂的有钱大昕的《元史稿》、邵远平的《元史类编》、魏源的《元史新编》和后期屠寄的《蒙兀儿史记》、曾廉的《元书》。翻译的有乾隆时从蒙文译的《蒙古源流》，有光绪时从西文译的洪钧的《元史译文证补》。其他考证笺注的更多。其五是传记汇编。

四、文学

清初爱国文人很多，成就也不小。其中一派是反映人民疾苦，反映民族压迫的，这一派如黄宗羲、顾炎武、傅山、王夫之、归庄等是主流，值得我们注意。

诗词方面，一派是有广泛的现实内容的；另一派相反，专门讲声韵，没有现实内容。前者的代表人物，诗有吴伟业（《梅村集》《吴诗集览》），词有陈维崧（《湖海楼词集》）；后者诗有王士禛（《带经堂集》《渔洋山人精华录》），词有朱彝尊（《曝书亭词注》）。中期诗人著名的有郑燮，是属于前一派的，袁枚属于后一派。

戏曲方面有洪昇的《长生殿》、孔尚任的《桃花扇》。此外有尤侗、李渔、李玉等，都是初期作家。李渔有《笠翁十种曲》，李玉有《一捧雪》《清忠谱》。《一捧雪》的主题思想是反动的。归庄有《万古愁》，对封建帝王和清军入关时的官吏都有讽刺，但对农民起义军也有诬蔑。尤侗的作品主要是杂剧。

初期小说有蒲松龄的《聊斋志异》。中期有吴敬梓的《儒林外史》，对封建社会作了尖锐批评，它继承了讽刺文学的传统，而且集其大成，还有所发展。曹雪芹的《红楼梦》是中国封建社会的解剖，最富于现实主义。他通过生活细节，描绘出封建统治阶级的奢靡，而宣告了封建制度必然灭亡，达到了现实主义的最高峰。当然，也存在伤感色彩。它对封建社会有叛逆性反抗性，这是一方面；另一方面也有好逸恶劳的成分。它的文学艺术成就极高，特别是语言风格。稍后有李汝珍的《镜花缘》，有浪漫主义的手法，但是批判的精神不够。

还有一部小说值得一提，就是钱彩、金丰的《说岳全传》，这是有所寄托而写的。因为清兵入关，于是联想到要宣扬岳飞的抗金。当然艺术价值不那么高。也是清代初期作品。

清代文化方面还有一个特点，这就是清代纂辑的书籍。

蒲松龄

五、清代纂辑的书籍

清代官修的书籍范围很广，各方面都有，部头虽然没有明代《永乐大典》那么大，可是数量还是很多的。值得一提的有雍正三年（1725年）完成的《古今图书集成》，共一万卷。直到现在我们还利用它。它把古代以来的文献分六编、三十二典、六千一百零九部汇集抄出来，用起来很方便。它引用的文献比较全、比较新。《经济汇编·食货典》卷十七，引用了康熙五十一年（1712年）滋生人丁永不加赋的资料。《历象汇编·历法典》卷七十七，引述加利勒阿发现木星四卫星的资料，加利勒阿今译伽利略（Galileo 1564—1642年），中国旧籍很少提到他的姓名。但是引用材料的说明不够，例如关于苏州织工的问题，是从《苏州府志》抄下来的，用的是哪部《苏州府志》？是明末的还是清初的？就没有交代，因此也就不能明确它所反映的具体时间。这部书可以利用作为我们从事科学研究的线索，尤其是经济方面的材料。有人贬之为“陋书”，这是不对头的。当然，它不是第一手资料，我们不能照抄，要查明它的根据出处，查出材料的时代，甄别它的可靠性。这是化第二手资料为第一手资料的方法。《图书集成》是

乾隆帝古装行乐图

用铜活字印刷的，投资很大。

另一部大书是《四库全书》，是用墨笔写的精缮本。宣纸朱栏，缮写纸张、装订都极精，不但学术价值高，艺术价值也很高，较之刻本又不相同。（明代的《永乐大典》也是这样的。）从乾隆三十七年（1772年）开始收集，至乾隆四十七年（1782年）完成。它是把收集到的古今书籍，按经史子集四部分四十四类汇集起，抄存起来。在收集过程中，有的书烧毁了，有的删改了，最后编成了《四库全书》。这部书的编纂，对传布文化有很大的贡献，但在摧残文化方面也起了很大作用。《四库全书》共抄写了七部：北京故宫的文渊阁（在文华殿后）、圆明园的文源阁、沈阳故宫的文溯阁、热河避暑山庄的文津阁四部是正本；杭州西湖的文澜阁、扬州大观堂的文汇阁、镇江金山寺的文宗阁三部是副本，书型较正本小些。圆明园、镇江和扬州的三部先后被毁，杭州的一部也损失过半，后来经过抄补齐全。目前还存四部。有人说《四库全书》有错字，有空白页，这曾经是事实，是乾隆时已经发现的，当时就作了修补，现在留存的本子已经是全部修补后的本子了。

总之，清代在保存和传布文化方面也是有贡献的。

附录　一本简明而富于创见的清代史

——评郑天挺教授的《清史简述》

周远廉　朱诚如

1962年，我国著名历史学家、明清史专家郑天挺教授，应中共中央高级党校之请，在该校提纲挈领地讲述了清代的历史。十八年后的1980年，郑先生的这次讲课记录稿由中华书局整理出版，题名为《清史简述》。这是新中国成立以来第一本用马克思主义理论指导概述有清一代历史的专著，其学术价值不仅在于填补了解放后清朝断代史的空白，而且更重要的是开拓了我国清史研究的新路，为大部头的清朝断代史的问世奠定了一定的基础。书出之日，郑老尚健在，而我们写这篇文章的时候，先生已于1981年12月12日逝世，谨此志念。

郑天挺教授（1899—1981年）是我国老一辈的著名历史学家。他博览群籍，功力雄厚，曾与唐长孺教授主持编写部定全国高校历史系的《中国古代史教学大纲》；与翦伯赞教授主编《中国通史参考资料》。他逝世之前，尚在主编大部头的《中国历史大辞典》。他尤精于明清两代历史，造诣极深。他所主编的明清史参考书有《明清史资料》《明末农民起义史料》《宋景诗起义史料》。他主持标点校勘《明史》，还发起和主持了明清史国际学术讨论会。郑先生早年即从事清史研究，新中国成立以后，又刻苦钻研马克思主义理论，并以此作为研究清史的指导，对清入关前的建国史和清初的历史作了深入的探索和研究。他对清代的官制、军制、学校科举制度、漕运制度，以及满族的族源、婚姻、习俗、宗教、八旗制度等方面的研究，都曾起了开拓的作用。特别是他用马克思主义理论作指导，对清入关前满族社会性质的探讨，在国内外学者中引起了强烈的反响，其主要论点颇为众多的清史专家、学者所赞同和推崇。他在多年精湛研究的基础上，撰写了大量有影响的学术论文。《清史探微》《探微集》等就是他研究的结晶。先生确实不愧为我国著名的明清史专家。

有清一代典籍浩繁、史绪万端。清亡之后，前有清朝遗老编撰的《清史稿》，后有萧一山《清代通史》问世。但由于旧史学观点的影响，错谬甚多。孟心史先生开拓了用近代方法研究清史。郑先生于前哲基础上，运用马克思主义理论作指导，依据收集到的大量史料，经过深入研究，写出了这本言简意赅、内容翔实、创见颇多的清代史——《清史简述》。它是我国史学界运用马克思主义理论研究有清一代历史的一个丰硕成果。现仅就《清史简述》的特色，胪举数端，以供有志于清史者参考。

一、高度概括，重点突出。全书分为概说、清代前期的政治和经济、清代中期的政治和经济、鸦片战争前的清代文化四个部分。概说部分总论了清代历史的特点，列举了涉及全国人民生活，甚至影响全世界的重大历史事件，阐述了对这段历史分期的意见。这样就高度概括地勾勒出了鸦片战争前清代历史的概貌，然后又以四分之三以上的篇幅，重点地讲述清代前期、中期的政治和经济情况，以及整个前中期的文化。在分别重点讲政治和经济情况时，也是先综述概况，然后讲政治、经济大事。这样纵横结合、粗细线条交织，使读者既能了解整个清代历史的全貌，又能重点掌握清代前期、中期的政治和经济状况。清前期的政治，作者重点突出清入关以后统一全国过程中，民族矛盾和阶级矛盾的交错及其转化，和民族压迫与巩固统一的战争等问题。在经济上，重点突出清代财政上两个主要的措施，即滋生人丁永不加赋和摊丁入亩。这样使读者一下子抓住了问题的关键所在。在全书只有六七万字的篇幅内，既概括又重点突出地述及鸦片战争前清代近二百年的这段历史，没有对清史的精深研究和雄厚的造诣是很难做得到的。

二、不囿旧说，颇多创见。郑天挺教授素以治学严谨著称，但郑先生亦以不囿旧说，独具创见而见长。《清史简述》中许多创见都是他毕生研究的心得，不乏有说服力的真知灼见。在概说部分，他根据多年研究，提炼和归纳出清代诸方面的特点：即清代是中国封建社会的晚期，而不是末期，是孕育着资本主义萌芽的封建经济继续发展时期；是满族封建社会的上升时期，是多民族统一国家的巩固和发展时期；是抗拒西方殖民主义侵略的斗争时期；此外，清朝又是在大规模的明末农民战争以后建立起来的。这些特点是综览清史全局才得出的，是令人信服的。关于清史的分期，曾经是我国史学界众说纷纭、争论不休的问题。郑先生认为，按照社会的政治、经济发展的特征，应将从1644年清入关到1911年的辛亥革命这二百六十八年的历史划分为三大段：（1）前期（1644—1723年），从清入关到摊丁入亩；（2）中期（1723—1840年），从摊丁入亩到鸦片战争；（3）后期，或称晚期（1840—1911年），从鸦片战争到辛亥革命，这是中国近代史的范围。郑先生对清史的分期意见，经过史学界的长期讨论，大部分清史学者基本上表示赞同。此外，关于吴三桂引清军入关一事，作者根据当时的历史条件，作了入情入理的分析，指出吴三桂是出卖人民利益的罪人，不能为吴三桂翻案。关于吴三桂在“三藩之乱”中的失败原因，作者从五个方面作了深刻分析，指出其失败的关键是失去民心。作者对清入关前后的社会主要矛盾及其转化作了精辟的分析，提出了自己的见解。对“康乾盛世”以及康熙、雍正、乾隆的评价，作者认为与明代皇帝相比，除了明太祖、明成祖以外，还没有谁比得上这三个人。即使在历代帝王中，他们也属于较好的一类。郑先生对清初有作为的三个皇帝的客观评价，在当时容易被指斥为吹捧帝王将相，是担风险的；今天，史学界的大部分同志则都赞同郑老的这种看法。此外，对于清代满汉民族之间的关系，清政府与边疆少数民族的战争、清代的对外关系、清代的反封建思想等问题，作者都有自己的创见。究其原因，除了郑先生对于清史功力深厚而外，很重要的一点，就是努力钻研马克思主义理论的结果。

三、比较研究。郑先生历来主张比较研究。就是把研究对象和它前后的同类事物“加以比证”，把同一时期的这一历史事物与其他事物加以互相联系，从中探索历史发展的规律。在《清史简述》中，郑先生依据他渊博的中外历史知识，娴熟地运用了比较研究法。在述及清初圈地时，与17世纪英国的圈地相比较。指出：英国的圈地是由国家把圈出的土地卖给农业资本家，由资本家经营，而清初的圈地，是采用落后的奴隶制或农奴制的方式来进行生产的，两者本质上不能相提并论。在述及清代地主庄园时，与西方庄园制进行了比较。认为：西方的庄园制是与城市相对立的一种富于弹性的经济形式，在其中不同的生产关系可以同时存在，亦可以包纳各行各业，产品自用和用于交换，并进行扩大再生产。而中国的庄园并没有形成庄园制，庄园生产的产品主要供自己享用而不是用于交换和扩大再生产。在谈到鸦片战争前清代手工业生产技术水平时，与英国1765年瓦特发明蒸汽机为标志的西方产业革命相比较。作者认为，采用水力推磨，中国早在汉代，至少在唐代已十分盛行，而西方使用水力是在1769年，中国比西方发明使用水力早一千多年，但我们没有走到机器生产，而西方在产业革命之后，就逐步广泛使用机器生产。在论及清初强大的原因时，与同样是少数民族入主中原而统一全国的元朝相比较。指出：元灭宋之前，宋政府已经十分腐朽，元灭宋以后，使中国社会得到了新生和发展。忽必烈时期，中国社会还是向前有所发展的。满族作为一个新兴民族刚刚进入封建制，它与腐朽的明王朝相比较，亦是有一股向上的新生活力，这就是清初强大的重要原因之一。在述及明清两代相对差别时，作者从清代的人口数字比明代有了发展；又从清代自“摊丁入亩”以后，人民有了一定的来往、居住、迁徙的自由，认为清代的人身依附关系比明代进一步松弛。在述及清代满汉政治地位时，曾就清代设置军机大臣，前后共184年（1727—1911年）中，满人和汉人担任过第一军机大臣（首枢）的人数进行比较，计共二十七人，其中有四个贵族（亲王），任职的年限共五十二年。还有十五个旗人，任职共九十四年，八个是汉人，任职共三十七年。从数字的比较中，很显然，满人政治地位高于汉人。比较研究法的运用，不仅拓宽了读者的眼界，而且深化了读者对问题的理解。

四、提出了许多值得进一步研究的新问题，郑先生在《清史简述》中提出了大量的发人深思、富于启发性的问题。他把自己多年研究心得中重要而又需要深入探讨的问题无私地和盘托出，提供史学界共同研究。关于资本主义萌芽问题，作者提出，既然中国资本主义萌芽早在明代中叶就已经出现，经历了长期的发展过程，为什么乾隆时期，在经济那样高度发展的条件下，中国还没有进入资本主义社会？关于资本原始积累问题，西方资本主义国家主要以掠夺殖民地作资本原始积累的源泉，而中国恰恰相反，尽管海外贸易中国比别的国家早，但中国不仅不掠夺别的国家，反而通过贸易使别的国家获得好处，郑和下西洋就送了很多东西给别的国家。中国对某些少数民族和对待其他落后国家就没有采取掠夺政策。这就是一个很值得研究的问题。清代乾隆时，是有清一代最富庶的时期，而清代的没落也是从这时开始的，如何解释这种现象？如此等等问题的提出，确实令人耳目一新，启发人们思考。有些问题尽管二十多年前郑先生已经提出，但是直至今天，仍然是我们清史研究者深入研究的重要课题。可见，这些问题的提出，推动了清史研究的深入和发展。

此外，全书脉络贯通，繁而不乱，史论结合，有叙有论，深入浅出；体例新颖，语言通畅。这些也都是本书的明显特色。

由于全书系20世纪60年代的讲课记录稿整理而成，内容受篇幅限制，许多问题没有进一步深入展开，这是客观条件带来的美中不足，至于书中的个别提法，亦不无可商榷之处。但是，经历了二十多年历史的检验，从观点到史实，从体例到内容，都不失为一本难得的独具创见的简明清代史著作。

国家新闻出版广电总局
首届向全国推荐中华优秀传统文化普及图书

‖大家小书书目

经典常谈	朱自清 著
语言与文化	罗常培 著
习坎庸言校正	罗 庸 著 杜志勇 校注
鸭池十讲（增订本）	罗 庸 著 杜志勇 编订
古代汉语常识	王 力 著
国学概论新编	谭正璧 编著
文言尺牍入门	谭正璧 著
日用交谊尺牍	谭正璧 著
敦煌学概论	姜亮夫 著
训诂简论	陆宗达 著
金石丛话	施蛰存 著
常识	周有光 著 叶 芳 编
文言津逮	张中行 著
中国字典史略	刘叶秋 著

古典目录学浅说	来新夏　著
闲谈写对联	白化文　著
怎样使用标点符号（增订本）	苏培成　著
诗境浅说	俞陛云　著
唐五代词境浅说	俞陛云　著
北宋词境浅说	俞陛云　著
南宋词境浅说	俞陛云　著
人间词话新注	王国维　著　滕咸惠　校注
苏辛词说	顾　随　著　陈　均　校
诗论	朱光潜　著
唐诗杂论	闻一多　著
诗词格律概要	王　力　著
唐宋词欣赏	夏承焘　著
槐屋古诗说	俞平伯　著
词学十讲	龙榆生　著
词曲概论	龙榆生　著
中国古典诗歌讲稿	浦江清　著 浦汉明　彭书麟　整理

唐人绝句启蒙	李霁野　著
唐宋词启蒙	李霁野　著
古典文学略述	王季思　著　王兆凯　编
古典戏曲略说	王季思　著　王兆凯　编
唐宋词概说	吴世昌　著
宋词赏析	沈祖棻　著
道教徒的诗人李白及其痛苦	李长之　著
闲坐说诗经	金性尧　著
陶渊明批评	萧望卿　著
舒芜说诗	舒　芜　著
名篇词例选说	叶嘉莹　著
唐诗纵横谈	周勋初　著
楚辞讲座	汤炳正　著 汤序波　汤文瑞　整理
好诗不厌百回读	袁行霈　著
山水有清音 ——古代山水田园诗鉴要	葛晓音　著

门外文谈	鲁　迅　著
我的杂学	周作人　著　张丽华　编
论雅俗共赏	朱自清　著
文学概论讲义	老　舍　著
中国文学史导论	罗　庸　著　杜志勇　辑校
给少男少女	李霁野　著
鲁迅批判	李长之　著
英美现代诗谈	王佐良　著　董伯韬　编
三国谈心录	金性尧　著
夜阑话韩柳	金性尧　著
英语学习	李赋宁　著
漫谈西方文学	李赋宁　著
历代笔记概述	刘叶秋　著
笔祸史谈丛	黄　裳　著
古典诗文述略	吴小如　著
有琴一张	资中筠　著
鲁迅作品细读	钱理群　著
唐宋八大家 ——古代散文的典范	葛晓音　选译

红楼梦考证	胡　适　著	
《水浒传》与中国社会	萨孟武　著	
《西游记》与中国古代政治	萨孟武　著	
《红楼梦》与中国旧家庭	萨孟武　著	
《金瓶梅》人物	孟　超　著	张光宇　绘
水泊梁山英雄谱	孟　超　著	张光宇　绘
《红楼梦》探源	吴世昌　著	
《西游记》漫话	林　庚　著	
细说红楼	周绍良　著	
红楼小讲	周汝昌　著	周伦玲　整理
曹雪芹的故事	周汝昌　著	周伦玲　整理
古典小说漫稿	吴小如　著	
三生石上旧精魂 ——中国古代小说与宗教	白化文　著	
《金瓶梅》十二讲	宁宗一　著	
古体小说论要	程毅中　著	
近体小说论要	程毅中　著	
文学的阅读	洪子诚　著	
中国戏曲	么书仪　著	

中国史学入门	顾颉刚　著　何启君　整理
秦汉的方士与儒生	顾颉刚　著
三国史话	吕思勉　著
史学要论	李大钊　著
中国近代史	蒋廷黻　著
民族与古代中国史	傅斯年　著
五谷史话	万国鼎　著　徐定懿　编
民族文话	郑振铎　著
史料与史学	翦伯赞　著
唐代社会概略	黄现璠　著
清史简述	郑天挺　著
两汉社会生活概述	谢国桢　著
中国文化与中国的兵	雷海宗　著
两宋史纲	张荫麟　著
明史简述	吴　晗　著
北宋政治改革家王安石	邓广铭　著
从紫禁城到故宫 ——营建、艺术、史事	单士元　著
史学遗产六讲	白寿彝　著

司马迁之人格与风格	李长之　著
司马迁	季镇淮　著
唐王朝的崛起与兴盛	汪　篯　著
二千年间	胡　绳　著
论三国人物	方诗铭　著
考古发现与中西文化交流	宿　白　著
中国古代国家的历史特征	张传玺　著
艺术、神话与祭祀	张光直　著 刘　静　乌鲁木加甫　译
中国古代衣食住行	许嘉璐　著
中国古代史学十讲	瞿林东　著
黄宾虹论画	黄宾虹　著
中国绘画史	陈师曾　著
和青年朋友谈书法	沈尹默　著
中国画法研究	吕凤子　著
桥梁史话	茅以升　著
中国戏剧史讲座	周贻白　著
俞平伯说昆曲	俞平伯　著　陈　均　编

新建筑与流派	童　寯	著		
论园	童　寯	著		
拙匠随笔	梁思成	著	林　洙	编
中国建筑艺术	梁思成	著	林　洙	编
沈从文讲文物	沈从文	著	王　风	编
中国画的艺术	徐悲鸿	著	马小起	编
中国绘画史纲	傅抱石	著		
中国舞蹈史话	常任侠	著		
海上丝路与文化交流	常任侠	著		
世界美术名作二十讲	傅　雷	著		
中国画论体系及其批评	李长之	著		
金石书画漫谈	启　功	著	赵仁珪	编
吞山怀谷——中国山水园林的艺术	汪菊渊	著		
中国古代音乐与舞蹈	阴法鲁	著	刘玉才	编
梓翁说园	陈从周	著		
旧戏新谈	黄　裳	著		
民间年画十五讲	王树村	著	姜彦文	编
民间美术与民俗	王树村	著	姜彦文	编

长城史话	罗哲文　著
中国古园林概说	罗哲文　著
现代建筑奠基人	罗小未　著
世界桥梁趣谈	唐寰澄　著
如何欣赏一座桥	唐寰澄　著
桥梁的故事	唐寰澄　著
园林的意境	周维权　著
万方安和——皇家园林的故事	周维权　著
现代建筑的故事	吴焕加　著
中国古代建筑概说	傅熹年　著

国学救亡讲演录	章太炎　著　蒙　木　编
简易哲学纲要	蔡元培　著
大学教育	蔡元培　著 北大元培学院　编
老子、孔子、墨子及其学派	梁启超　著
中国政治思想史	吕思勉　著
天道与人文	竺可桢　著　施爱东　编

春秋战国思想史话	嵇文甫　著	
晚明思想史论	嵇文甫　著	
新人生论	冯友兰　著	
中国哲学与未来世界哲学	冯友兰　著	
谈美书简	朱光潜　著	
中国古代心理学思想	潘　菽　著	
民俗与迷信	江绍原　著	陈泳超　整理
佛教基本知识	周叔迦　著	
儒学述要	罗　庸　著	杜志勇　整理
希腊漫话	罗念生　著	
佛教常识答问	赵朴初　著	
大一统与儒家思想	杨向奎　著	
孔子的故事	李长之　著	
西洋哲学史	李长之　著	
乡土中国	费孝通　著	
社会调查自白	费孝通　著	
经学常谈	屈守元　著	
墨子与墨家	任继愈　著	
汉化佛教与佛寺	白化文　著	
中西之交	陈乐民　著	

出版说明

“大家小书”多是一代大家的经典著作，在还属于手抄的著述年代里，每个字都是经过作者精琢细磨之后所拣选的。为尊重作者写作习惯和遣词风格、尊重语言文字自身发展流变的规律，为读者提供一个可靠的版本，“大家小书”对于已经经典化的作品不进行现代汉语的规范化处理。

提请读者特别注意。

北京出版社